KU
BA
AF546092
INSIDER-TIPP
Deine Abkürzung ins Erleben!
Reisen mit MARCO POLO Insider-Tipps

MARCO POLO TOP-HIGHLIGHTS

HABANA VIEJA ★1

Verrückt, überraschend, lebendig: jede Gasse ein Abenteuer, die Gebäude triefend von Geschichte – und immer wieder Musik, Musik, Musik! (Foto)

Tipp: Superblick auf die Altstadt vom Restaurant La Divina Pastora im Castillo de los Tres Reyes del Morro

➤ S. 42, Havanna

CABARET TROPICANA ★2

Explosion kubanischen Lebensgefühls: Die legendäre, schillernde Revue wird von den besten Tänzern und Tänzerinnen Kubas aufgeführt

➤ S. 56, Havanna

MOGOTES ★3

Ideal zum Radeln und Wandern: Die einzigartige Landschaft mit den riesigen, buckligen Kalkbergen im „Tabaktal" Valle de Viñales

Tipp: tolle Totale vom Centro de Visitantes

➤ S. 66, Der Westen

VARADERO ★4

Abschalten, baden, Urlauber aus aller Welt treffen: Freue dich auf 20 km weißen Sandstrand, tolle Hotels und eine entspannte Atmo

➤ S. 69, Der Westen

MUSEO MEMORIAL DEL ERNESTO CHE GUEVARA ★5

Die ultimative Che-Gedenkstätte: monumental und melancholisch. Mit täglich frischer Blume in der Grabnische

Tipp: Die Che-Figur schaut nach Süden – gut im Licht ist das ganze Mausoleum am späten Vormittag

➤ S. 86, Die Mitte

CASA DE LA TROVA 8

Ein Hort kubanischer Musik: Die Casa de la Trova in Santiago de Cuba ist eine der besten des Landes

➤ S. 104, Der Osten

TRINIDAD 6

Tagsüber scheinen die Uhren in dieser Stadt in tiefster Kolonialzeit stehengeblieben zu sein, am Abend aber erwacht sie zu kosmopolitischem Leben

Tipp: Fotos ohne andere Touristen kannst du hier nur früh am Morgen machen

➤ S. 82, Die Mitte

LA COMANDANCIA DE LA PLATA 9

Auch der Weg ist hier schon das Ziel, denn allein die Wanderung in das berühmte ehemalige Rebellenversteck in der Sierra Maestra ist ein Erlebnis!

➤ S. 106, Der Osten

BARACOA 7

Die älteste Stadt Kubas lockt mit lässiger Atmosphäre, vielen Privatquartieren und atemberaubenden Naturattraktionen in der Umgebung

Tipp: Am Vormittag liegt die Sonne über dem kolonialen Dächermeer – bester Überblick vom Hotel Castillo

➤ S. 107, Der Osten

JARDINES DE LA REINA 10

Riffe, Inseln, klares Wasser und eine unglaubliche marine Artenvielfalt – die Herzen erfahrener Taucher schlagen hier höher

Tipp: Die besten Lichtverhältnisse unter Wasser hat man zwischen 11 und 14 Uhr

➤ S. 34, Sport

INHALT

MARCO POLO TOP-HIGHLIGHTS

DAS BESTE ZUERST

SO TICKT KUBA

ESSEN, SHOPPEN, SPORT

MARCO POLO REGIONEN

ERLEBNISTOUREN

GUT ZU WISSEN

Besuch planen
€-€€€ Preiskategorien
(*) Kostenpflichtige Telefonnummer
Essen/Trinken
Shoppen
Ausgehen
Top-Strände

(A2) Herausnehmbare Faltkarte
(a2) Zusatzkarte auf der Faltkarte
(0) Außerhalb des Faltkartenausschnitts

BESSER PLANEN MEHR ERLEBEN!

Digitale Extras
go.marcopolo.de/app/kub

DAS BESTE ZUERST

Nur Himmel, Sand und Meer: Cayo Coco

BEST OF

BEI REGEN

SCHÖN, AUCH WENN ES REGNET

PAPAS REFUGIUM

Lass dich vom lebendigen Geist des alten Hauses und seinem schönen Garten verzaubern! „Papa" Ernest Hemingways ehemalige Finca *La Vigía* ist voller persönlicher Erinnerungen und lässt tief in das Leben des legendären Literatur-Nobelpreisträgers blicken.

➤ S. 58, Havanna

AUSFLUG IN DIE UNTERWELT

Unglaublich, was sich da unter der flachen Erde auftut: eine riesige Höhle mit jahrmillionenalten Stalagmiten und Stalaktiten. Und dabei ist der zu besichtigende Teil der *Cuevas de Bellamar* in Matanzas nur ein kleiner Teil des riesigen, verzweigten Höhlenkomplexes. (Foto)

➤ S. 74, Der Westen

GÖTTERSTUDIUM

Einen guten Einblick in die verwirrende – und teilweise auch ein wenig unheimliche – Götterwelt der kubanischen Santería und ihrer legendären Geheimbünde bietet dir das *Museo Histórico de Guanabacoa* im ehemaligen Sklavenhandelszentrum Guanabacoa.

➤ S. 57, Havanna

LÜSTER UND MAHAGONI

Früher war das so: Adel verpflichtet zu einem fürstlichen Lebensstil! Davon erzählen im ehemaligen Palacio Brunet, dem heutigen *Museo Romántico* in Trinidad, kostbare Möbel, Fayencen und Lüster.

➤ S. 82, Die Mitte

WÄCHSERNE GESTALTEN

Das einzige Wachsfigurenkabinett *(Museo de Cera)* Kubas liegt ein wenig abseits in Bayamo. Neben einem trockenen Plätzchen findest du dort gleich noch kubanische Prominenz wie Benny Moré, Compay Segundo und Polo Montañez.

➤ S. 106, Der Osten

BEST OF LOW-BUDGET

FÜR DEN KLEINEN GELDBEUTEL

KOLLEKTIV MOBIL

Carros colectivos sind meist klapprige, alte amerikanische Straßenkreuzer (Foto), die so viele Passagiere wie möglich für günstige Pesopreise auf festen Routen von A nach B transportieren. Selbst wenn du mit Euros oder US-Dollars zahlst, kommst du immer noch billig weg!

➤ S. 126, Gut zu wissen

RHYTHMEN & RITUALE

Sonntags verwandelt sich die kleine *Callejón de Hamel* in Havanna-Centro unter wilden Trommelwirbeln in eine Bühne für die Götter der Santería, und du kannst einfach dabei sein und zuschauen!

➤ S. 51, Havanna

KUNST VOM KÜNSTLER

Interessiert an moderner Kunst? Warum ins Museum gehen, wenn du im *Mercado Artesanal* des *Centro Cultural Antiguos Almacenes de Depósito San José* in Havanna kubanische Künstler persönlich kennenlernen kannst! Da ist so manches junge Talent vertreten, das seine Kunst auch noch zu günstigen Preisen verkauft.

➤ S. 30, Shoppen & Stöbern

OPENAIR-KONZERT

In Trinidad an der *Escalinata* steigt jeden Abend die große Freiluft-Musiksause – und du bist eingeladen. Zuhören und staunen ist gratis; bezahlen musst du nur für die Getränke an der Bar.

➤ S. 83, Die Mitte

BEQUEM HOP-ON-HOP-OFF

Die bunten und oben offenen Panoramabusse verkehren von morgens bis abends in unterschiedlichem Rhythmus auf festen Routen in Havanna, Varadero und Trinidad. Für nur 10 US$ (Kreditkarte!) pro Tag kannst du so oft ein- und aussteigen, wie du willst.

➤ S. 43, Havanna

LUSTIGE RUTSCHPARTIE

Gut gesichert an einem Stahlseil in 15 m Höhe 700 m weit durch die Luft sausen – wenn das kein Spaß ist! Den bietet dir und deinem Kind (ab 6 Jahre) die Canopystation im *Jardín Botánico Nacional* in Havanna.

➤ S. 59, Havanna

KROKODILE HAUTNAH

Auf der *Krokodilfarm* in La Boca zeigen mutige Krokodilbändiger ihre Künste. Hier tummeln sich riesige Rautenkrokodile – hinter Gittern, versteht sich. Und auch von den 32 lebensnah nachgebauten Ureinwohnern in Guamá werden eure Kinder begeistert sein!

➤ S. 75, Der Westen

BOOTSFAHRT UND DELFINE

Schon die Anfahrt zum *Acuario Cayo Naranjo* macht gute Laune, denn die Bassins und Aquarien fur Delfine und viele andere Meerestiere liegen in der Bucht Naranjo auf einer Insel, auf die du nur mit dem Boot kommst. Der Hit: schwimmen mit Delfinen – ein unvergessliches Erlebnis!

➤ S. 97, Der Osten

ETHNOROMANTIK

So feierten die indigenen Taíno früher: Mit Kriegsbemalung, Lendenschurz und Stirnband um die langen schwarzen Haare sehen die „Indianer" in der *Aldea Taína* bei Guardalavaca, die da für die Zuschauer tanzen, ganz schön echt aus.

➤ S 98, Der Osten

LEBENSGROSSE DINOS

Mammuts, Säbelzahntiger, Tyrannosaurus Rex – Dinofans kommen im prähistorischen Tal *(Valle de la Prehistoria)* bei Baconao nicht aus dem Staunen heraus. Die über 200 Figuren sind alle lebensgroß und lebensnah gestaltet.

S. 106, Der Osten

BEST OF

TYPISCH

DAS ERLEBST DU NUR HIER

DER GESCHMACK KUBAS

Kühl wie das zerstoßene Eis, das Sodawasser und die frische Minze, süß wie der kubanische Zucker und betörend wie der helle kubanische Rum, so muss er schmecken, ein richtiger Mojito. Erste Adresse dafür ist die *Bodeguita del Medio* in Havanna.

➤ S. 48, Havanna

LIEDERHÄUSER

Hörst du die Musik? Wenn du das fragst, dann bist du wahrscheinlich ganz in der Nahe einer *casa de la trova*. Legendär gut sind die Musiker in der Casa de la Trova in Santiago de Cuba.

➤ S. 104, Der Osten

BLAUER DUNST

Auf Kuba liegen die besten Tabakanbaugebiete der Welt, und beim Geruch einer echten „Havanna" geht Zigarrenliebhabern das Herz auf. Lass dir in den Fabriken *Partagás* in Havanna oder *Donatién* in Pinar del Río die Herstellung vorführen. (Foto)

➤ S. 51, 64, Havanna/Der Westen

GÖTTLICHE GLEICHUNG

Warum sich nicht den Segen zweier Religionen sichern? Viele Kubaner verehren neben den christlichen Heiligen auch die dazu passenden Götter. Zur Jungfrau Maria von El Cobre z. B. passt Ochún, die Göttin der Liebe. Ihre Farbe ist Gelb, weshalb viele mit Sonnenblumen nach *El Cobre* pilgern.

➤ S. 105, Der Osten

DIE REVOLUTION IM MUSEUM

Die Helden der Nation sind die Helden der Revolution! Wenn du also wissen willst, wovon der kubanische Staat ideell zehrt, dann musst du eines seiner vielen *Revolutionsmuseen* besuchen, z.B. in Havanna, Santa Clara oder Santiago de Cuba.

➤ S. 46, 85, 102, Havanna/Die Mitte/Der Osten

SO TICKT KUBA

Man muss ja zeigen, was man hat: Kubaner mit XXL-Zigarre

ENTDECKE KUBA

Fein aufgehübscht: das koloniale Vorzeigestädtchen Trinidad

Kuba bleibt Kult! Mitreißend das kubanische Temperament, unvergessen die revolutionären Träume! Manchmal scheint es, als sei die Welt hier in den 50er-Jahren stehengeblieben. Manchmal nervt es, wenn mal wieder nichts funktioniert. Aber dann liebst du dieses Land gerade für seine Unzulänglichkeiten. Und zu Hause träumst du vom *socialismo tropical!*

VOM SPIELKASINO ZUR REVOLUTION

Kuba war schon immer „besonders“: Schon Christoph Kolumbus schwärmte von der Schönheit der Insel. Dann machten die spanischen Eroberer ausgerechnet Kuba zu ihrer wichtigsten Anlaufstation für ihre Schatzgaleonen. Kuba wurde größter Zuckerproduzent der Welt. Und als in den USA zu Zeiten der Prohibition Glücksspiel und Alkoholkonsum verboten waren, tobten sich die Genuss- und

- **1492** Kolumbus nimmt für Spanien Besitz von Kuba
- **1762** England tauscht das besetzte Havanna gegen Florida
- **1789–1820** Flüchtlingsstrom aus Haiti; Kuba wird größter Zuckerexporteur
- **1868–78** 1. Unabhängigkeitskrieg gegen Spanien
- **1895–98** USA beenden den 2. Unabhängigkeitskrieg
- **1902** Kuba wird von den USA abhängige Republik

Spielsüchtigen hier aus: Kuba mutierte zum Sündenbabel der USA. Aber vollends zum Mythos wurde Kuba durch die Revolution, als verwegene junge Männer in Kampfanzügen – allen voran Fidel Castro mit seinem Bruder Raúl, mit Camilo Cienfuegos und dem Argentinier Ernesto „Che" Guevara – den Diktator Fulgencio Batista von der Insel vertrieben, um eine gerechtere Gesellschaft zu etablieren. Großgrundbesitzer wurden enteignet und ihre Besitztümer „sozialisiert", Bildung und ärztliche Versorgung kostenlos für jedermann, Sexismus und Rassismus bekämpft. Diese soziale Revolution bewegte die Welt und veränderte nicht nur Kuba, sondern ganz Lateinamerika.

ÜBERLEBENSKÜNSTLER

Wer das erste Mal nach Kuba reist und die bröckelnden Häuser in den Seitengassen Havannas sieht, wenn wieder mal Leitungsrohre krepieren oder der Strom ausfällt, wird von der wirtschaftlichen Rückständigkeit Kubas vielleicht erst mal schockiert sein. Hart trafen das Land die auch unter US-Präsident Biden nicht zurückgenommenen Sanktionen aus der Trump-Ära und das Ausbleiben der Touristen während der Coronapandemie. Ihre Lebensfreude ließen sich die Kubaner dennoch nicht nehmen. Willst du sie kennenlernen, musst du die Rundum-Versorgung deines All-inclusive-Hotels verlassen, ob in Varadero, auf der Cayería del Norte, den Jardines del Rey oder in der Provinz Holguín, und dich auf das Abenteuer Entdecken einlassen. Für kleinere Ausflüge nimmst du ein Fahrradtaxi oder Taxi. Für längere stehen dir als Verkehrsmittel schnelle Über-

1902–58 Zuckerexportboom und Diktaturen (zuletzt Batista)

1953–59 Guerillakrieg unter Fidel Castro endet mit Sieg

1960–91 US-Embargo und Hinwendung zur Sowjetunion

2008 Raúl übernimmt Amt seines Bruders Fidel Castro (†2016)

2018 Miguel Díaz-Canel wird Staatspräsident als Nachfolger von Raúl Castro

2020–23 Schwere Wirtschaftskrise; nur allmählich Erholung des Tourismus nach der Coronapandemie landbusse (Viazul) und bei rechtzeitiger Reservierung manchmal schon etwas mitgenommene Mietwagen zu Verfügung.

NATURSCHÖNHEIT IM MEER

Freu dich auf eine karibische Welt von seltener Weite und stolzer Größe, auf grüne Ebenen, Gebirge, weiße Korallenstrände und vorgelagerte Inseln. Im Westen, in Viñales, leuchtet rote Tabakerde zwischen den berühmten *mogotes,* den 160 bis 140 Mio. Jahre alten erodierten Riffkalkblöcken. Es sind Riesen aus einer Zeit lange vor der Entstehung der Kleinen Antillen. Als Teil der Sierra de los Órganos, in der die ältesten Gesteine der Karibik gefunden wurden, hoben sie sich im Miozän (vor 24–5 Mio. Jahren) aus dem Meer, zum Teil noch verbunden mit Hispaniola und Jamaika. Seine heutige langgezogene Gestalt besitzt Kuba „erst" seit 7 Mio. Jahren. Der kubanische Dichter Nicolás Guillén (1902–89) verglich sie mit der eines auf dem Rücken liegenden, lachenden Krokodils. Ein Tier, das auf Kuba in Gestalt des Rautenkrokodils vorkommt. Es ist in der Ciénaga de Zapata beheimatet, dem größten Sumpfgebiet der Karibik, das zu Kubas sieben Nationalparks gehört und als Biosphärenreservat ausgewiesen ist. Du kannst sie mit Führern erkunden, die sich in den Informationszentren anbieten (oder sie vorher bei einem Veranstalter mit Reiseleiter in der Muttersprache buchen). Der artenreichste Nationalpark des Landes wurde nach Alexander von Humboldt genannt. Er breitet sich im äußersten Osten des Landes aus, unweit von Baracoa.

ALTE STÄDTE VOLLER LEBEN

Terrakottadächer, hohe, vergitterte Fenster, hohe Holztüren – die Architektur der frühen Kolonialzeit prägt bis heute viele kubanische Städte, allen voran die sechs ältesten: Baracoa (gegr. 1511), Bayamo (1512), Remedios, Sancti Spíritus und das Unesco-Weltkulturerbe Trinidad (1514), Kubas kolonialer Perle, in der sich heute die ganze Welt trifft. Andere Städte wie Holguín oder Matanzas prunken mit Palästen aus der späteren Kolonialzeit, als spanische Zuckerbarone noch mit Sklaven einen unvorstellbaren Reichtum erwirtschafteten, während der Rest Amerikas längst unabhängig und frei war.

STOLZE METROPOLE

Was aber wäre Kuba ohne Havanna, diese einzigartige karibische Großstadt? Wo das Meer sein Salz wie Würze über die Angler und Verliebten am Malecón versprüht, wo längst wieder eine Prise früherer Verruchtheit spürbar ist, Jazzclubs und Bars zum Besuch einladen? Du brauchst nur durch die Altstadt zu bummeln und begegnest den verrücktesten Geschichten, z. B. der vom Zuhälter Alberto Yarini y Ponce de Léon, genannt „El Rey" (der König), der aus einer der besten Familien stammte und mit seinen sechs Frauen in der Calle Paula Nr. 96 wohnte. Oder von berühmten Tänzerinnen wie Josefine Baker, berüchtigten Mafiosi wie Meyer Lansky und natürlich von „Papa" Ernest Hemingway.

AUF EINEN BLICK

11.260.000
Einwohner

Belgien: 11.590.000

59

Mobilfunkverträge
je 100 Einwohner
Deutschland: 128

3.735 km
Küstenlänge

Deutschland 2.389 km

110.861 km²
Fläche (inkl. Inseln)

Bayern und Baden-Württemberg zusammen: 116 350 km²

HÖCHSTER BERG: PICO TURQUINO
1.974 M

Gipfel ist zugänglich

WÄRMSTER MONAT
AUGUST
32°C

BELIEBTESTER REISEMONAT
DEZEMBER

9 UNESCO-WELTERBESTÄTTEN
Altstadt Havanna, Trinidad/Valle de los Ingenios, Castillo de San Pedro de la Roca, Valle de Viñales, erste Kaffeeplantagen im Südosten, Cienfuegos, Camagüey, Alexander-von-Humboldt-NP, NP Desembarco del Granma

HAVANNA

Größte Stadt mit 2,1 Mio. Einwohnern
Berlin: 3,8 Mio

BERÜHMTESTE PERSONEN
Fidel Castro (Revolutionär)
José Martí (Dichter)

KLEINSTER FROSCH DER WELT:
MONTE-IBERIA-FRÖSCHCHEN
(RUMPFLÄNGE 10 MM)

KUBA VERSTEHEN

UNIFORM NUR IN DER SCHULE

Exzentrisch, musikalisch, temperamentvoll, schwarz – sind die Kubaner wirklich so, wie viele meinen? Eines ist klar: Die 11,3 Mio. Kubaner wollen nicht in Schablonen gepresst werden. Die Revolution hat sie zu selbstbewussten Individuen gemacht, für die Hautfarbe und Herkunft keine Fragen des gesellschaftlichen Status sind. Dafür sorgte schon das für alle gleichermaßen zugängliche Bildungssystem, nicht zuletzt auch die alle optisch gleichmachende Schuluniform. Ausnahmen bestätigen die Regel: So wird schon mal jemand, der ein bisschen asiatisch aussieht (weil er vielleicht asiatische Vorfahren hat), *Chino* genannt. Und wer, wie ein Ranger im Nationalpark seit Geburt wie ein Indio aussieht, heißt einfach nur der *Indio*. Aber keiner der Betroffenen ist deswegen beleidigt. Warum auch? Wirken solche Spitznamen doch erst durch das entsprechende Wertesystem diskriminierend.

VORBILD „CHE"

Seine kubanische Ehefrau Aleida March, mit der er vier Kinder hatte, beschrieb ihn in ihrem Buch „Evocación" (Erinnerungen) als loyal und integer, sein Bruder Juan Martín Guevara wiederum als „wissbegierigen Trotzkopf", als einen „Schalk und Spötter": Ernesto „Che" Guevara, ein junger Arzt aus guter argentinischer Familie, der sich in Mexiko Fidel Castro anschloss, den entscheidenden Sieg für die kubanische Revolution in Santa Clara errang und dann lieber Revolutionär blieb, als Minister auf Kuba zu sein. Obwohl Che nun schon seit über 50 Jahren tot ist, wollen immer noch viele Jugendliche auf Kuba so werden wie er. Woran liegt das? An seinem ewig aktuellen Traum vom „neuen Menschen", dem uneigennützig handelnden, sozialen Gutmenschen? Durch Che Guevaras frühen Tod (1967) in Bolivien blieb dieser Traum an ihm haften wie ein Heilsversprechen und kam nicht unter die Räder des gelebten Alltags. Und die Menschen danken es ihm, ganz gleich, von woher sie zu seinem Grab nach Santa Clara kommen: aus Japan, China, Brasilien oder Deutschland ...

VIELFALT IM NATIONALPARK

Ob er diese Tiere wohl auch schon beobachtet hat, als er 1800 und 1801 auf Kuba weilte: den nur 5 cm kleinen Kolibri Zunzunito und das nur 9,6 mm kleine Monte-Iberia-Fröschchen mit dem gelben Rallyestreifen? Vermutlich. Denn dem Allround-Genie Alexander von Humboldt entging selten etwas auf seinen naturkundlichen Reisen. Nicht umsonst schwärmen Lateinamerikas Naturforscher bis heute von ihm wie von einem Superstar. Kuba hat den größten und urwüchsigsten seiner 14 Nationalparks nach ihm benannt, den *Parque Nacional Alejandro de Humboldt*. Und dort leben auch

INSIDER-TIPP
Minifrosch mit Charakter

der Zunzunito, inzwischen als der kleinste Vogel der Welt identifiziert, und der besagte Miniaturfrosch. Auch die ungiftige Majá de Santamaría, Kubas bis zu 6 m lange Boa, schlängelt sich dort durchs Unterholz, und Kubas Nationalvogel, der farbenprächtige Tocororo, trällert in den Bäumen.

Kubas Nationalblume ist übrigens ein betörend duftendes Bodengewächs: die weiß blühende Mariposa (Dt. „Schmetterling"). Und der Nationalbaum ist – wen wundert's – die allgegenwärtige und alles überragende schlanke Palma Real (Königspalme). Du wirst staunen, was es sonst noch zu entdecken gibt: Flamingos, Krokodile, Korallenriffe voller Fische – lass dich einfach von den *guías* (Führern) in den (Unterwasser-)Parks zu den richtigen Plätzen führen! Infos: *turnatcuba.com*

LITERATUR

Du willst wissen, wie die Kubaner ticken? Dann musst du kubanische Literatur lesen! Keine Sorge, die Werke der bekanntesten Schriftsteller sind längst auch auf Deutsch zu haben: z. B. jene von Leonardo Padura (*1955), dessen Krimis immer auch ein bisschen das vorrevolutionäre Kuba ausspionieren. Oder von Zoé Valdés (*1959), die in „Das tägliche Nichts" vom schwierigen kubanischen Alltag erzählt. Oder von Miguel Barnet (*1940), der u. a. mit „Alle träumten von Kuba" und „Cimarrón", einer Geschichte über einen entlaufenen Sklaven, großen Erfolg hatte. Wer die Revolution verstehen will, sollte sich in José Martí (1853–95) vertiefen, den berühmtesten Schriftsteller Kubas. Er hatte früh unter politischen Repressionen zu leiden und hinterließ nach sei-

Bildungsauftrag: Auf Kuba können alle Kinder in die Schule gehen

Echte Verehrung: Castro-Porträt in einem Fenster in Havanna

nem frühen Tod im Freiheitskampf ein umfangreiches Werk. Und wer Kuba auf den Grund gehen will, sollte Alejo Carpentiers (1904–80) „Mein Havanna" oder Guillermo Cabrera Infantes (1929–2005) Roman „Drei traurige Tiger" lesen. Danach wirst du Kuba mit anderen Augen sehen! Nationalpoet ist übrigens der Dichter Nicolás Guillén (1902–89), ein Mulatte aus Camagüey mit tiefgründigem Witz.

IMMER IM TAKT

Ruhig ist der Rhythmus, melancholisch die Melodie, in sich versunkene Paare tanzen geschmeidig dazu wie in Zeitlupe – hörst du das Lied schon im Geiste? „Dos gardenias para ti …", „Zwei Gardenien für Dich", ein Bolero, den keiner so inbrünstig interpretiert hat wie Ibrahim Ferrer (1927–2005), der Altstar aus dem filmischen Welterfolg „Buena Vista Social Club" von Ry Cooder und Wim Wenders. Ferrer stammte aus Santiago, der Stadt, der Kuba seine mitreißende Musik verdankt. Begonnen hat das Anfang des 19. Jhs., als Santiago (wie auch New Orleans) zum Sammelpunkt für Flüchtlinge aus der französischen Nachbarkolonie Sainte Domingue (später Haiti) wurde. Da waren damals die Urväter des Bolero darunter, Balladensänger, die über Land reisten.

Die weiße französische Oberschicht brachte den Gesellschaftstanz *Danzón* mit und ihre afrikanischen Sklaven die *Tumba Francesa*. Musikalische Experimentierfreude mischte alles mit den vorhandenen Rhythmen wie dem Flamenco der Spanier. So entstanden die *Rumba* und der *Son*. Vor allem der Son eroberte erst Havanna, dann die Clubs von New York und von dort die Welt. Und während er sich in New York zur *Salsa* weiterentwickelte, stoppte die Revolution auf Kuba jede weitere Entwicklung. Denn dort galt diese Musik plötzlich als dekadent. Dafür hatten politische Lieder *(Nueva Trova)* oder bäuerliche Klassiker wie „Guantanamera" (Text von José Martí) Hochkonjunktur.

Und heute? Danzón und Rumba wurden von der Unesco zum Kulturerbe erklärt, während die Jugend gegen die in den Touristenlokalen grassierende Buena-Vista-Social-Club-Nostalgie mit einer heißen Mischung aus Reggae, Hip-Hop und Merengue, dem Reggae- oder Cubaton rebelliert. Und in den Clubs der Städte etabliert sich eine neue junge Jazzszene: sinnlich, kreativ, virtuos!

DIE CASTROS

Tief empfundene Trauer begleitete Ende 2016 im ganzen Land den Tod Fidel Castros, des Vaters der kubanischen Revolution und *comandante en jefe* von 1959 bis 2008. Und das trotz lange schon währender Unzufriedenheit über die wirtschaftlichen Probleme des Landes und Castros mitunter jähzornigen Schnellverurteilungen von Regimekritikern. „Murió mi segundo padre!" – „Es starb mein zweiter Vater", klagten viele, insbesondere Kubaner, die sich noch an das Elend ihrer Kinder- oder Jugendjahre erinnerten, an feuchte Holzhütten mit Lehmböden, an Krankheit und Hunger. Erst die von Fidel Castro verkörperte Revolution setzte dem ein Ende, initiierte Alphabetisierungskampagnen und öffnete die Universitäten für alle – und alles kostenlos. So viele Kubaner das Land auch bislang verlassen haben, so viele auch immer auf einen politischen Neuanfang hoffen: Die gefühlte Mehrheit war ihrem verstorbenen Patriarchen dankbar für die damals historische Umkehrung der sozialen Verhältnisse. Leider gerieten diese Errungenschaften im Lauf der Zeit durch Misswirtschaft und die verschärften Wirtschaftblockaden der USA unter die Räder. Immerhin hat sich Fidel Castros Nachfolger und Bruder Raúl mit seiner Annäherung an den ehemaligen US-Präsidenten Obama um eine Wende bemüht.

KLISCHEE-KISTE

ERZFEIND USA?

Längst stehen an den Straßen keine antiamerikanischen Propagandaschilder mehr. Sie verschwanden, nachdem der frühere US-Präsident Obama Kuba besucht hatte. Und den Kubanern ging das Herz auf, als er sagte: „Wir sind alle Amerikaner!" Schließlich haben nicht wenige Kubaner Verwandte „drüben". Das nach wie vor bestehende US-Embargo aber verbittert das ganze Volk.

GOTTLOSES REGIME

Kirche und Kommunismus, das geht nicht zusammen? Vonwegen! Schon unter Fidel Castro erlebte die katholische Kirche eine Art Wiedergeburt nach Jahrzehnten der Missachtung. Drei Papstbesuche halfen dabei. Heute sind Kubas Kirchen restauriert und wieder geöffnet. Besonders beliebt: kirchlich heiraten – natürlich in Weiß!

LUKRATIVE NEBENJOBS

Jeder zweite Taxifahrer, Souvenirverkäufer oder Kofferträger auf Kuba ist Akademiker? Stimmt leider. Obwohl die staatlichen Löhne mehrfach erhöht wurden, bewegen sie sich immer noch auf so niedrigem Niveau, dass ein Job im Tourismus nach wie vor begehrt ist – vor allem auch, weil er die für viele Einkäufe nötigen Devisen verspricht.

WANDEL OHNE WENDE

„Die Partei hat immer recht." Der Satz kommt dir bekannt vor? Auf Kuba gilt er noch – und vermutlich bleibt das auch noch länger so. Denn wie es aussieht, folgt die einzig legale Partei auf Kuba, die Partido Comunista de Cuba (PCC), auch nach Raúl Castros Rückzug weiter dem Vorbild anderer Einparteiensysteme, etwa dem seines kommunistischen Bruderlands China. Das heißt, es öffnet sich zwar für den Kapitalismus, aber nicht für die Demokratie.

Seit 2018 steht der 1960 geborene Miguel Mario Díaz-Canel Bermúdez an der Spitze des kubanischen Staates. Ein Mann aus dem Volk, der sich aus der Provinz Villa Clara kommend in die Parteispitze hochgearbeitet hat. Möglich machte das Kubas Wahlrecht. Kubaner dürfen ab dem 16. Lebensjahr wählen, sich seit 1992 in geheimer Wahl für oder gegen bestimmte Kandidaten auf der Wahlliste für die Nationalversammlung *(Asamblea Nacional)* entscheiden. So verjüngte sich die Schar der 612 Delegierten, die wiederum u.a. die Mitglieder des Staats- und Ministerrats wählt. Eine große Aufgabe hat Díaz-Canel allemal zu bewältigen: die unter Castro und Barack Obama eingefädelten diplomatischen Beziehungen zwischen den USA und Kuba auch unter dem US-Präsidenten Joe Biden und seinem Nachfolger so weit zu verbessern, dass das Wirtschaftsembargo gegen Kuba endlich aufgehoben wird, dabei aber darauf zu achten, dass die nationale Unabhängigkeit Kubas bewahrt wird.

„PAPA" HEMINGWAY

Besonders die Fischer von Cojímar waren ihm zugetan. Mit ihnen teilte er den Fang des Tages, mit ihnen trank er in der Bar *La Terraza,* und dafür nannten sie ihn „Papa": Ernest Hemingway (1899–1961), der wohl einzige US-Amerikaner, dessen Andenken auf Kuba konstant und liebevoll gepflegt wird. Die Fischer in Cojímar gossen ihm nach seinem Freitod aus Schiffsschrauben ein Denkmal und stellten es in ihrem Hafen auf. Vielleicht, weil er ihnen mit seinem Buch „Der alte Mann und das Meer", mit dem er 1959 den Literaturnobelpreis gewann, ein literarisches Denkmal gesetzt hatte. Vielleicht aber auch nur, weil sie einen Freund verloren hatten. Hemingway wiederum hatte in ihrem Kreis offenbar etwas entdeckt, was ihm weder als Kriegsberichterstatter in Europa noch als Großwildjäger in Afrika begegnet war: den alltäglichen Kampf ums Überleben ganz normaler Leute wie der Fischer von Cojímar. Niemand beschrieb ihre ewige Hoffnung auf einen dicken Fang, den Kampf mit dem kapitalen Fisch und die Schicksalsergebenheit, wenn am Ende alles umsonst war, so schlicht und ergreifend wie Hemingway.

LEBEN AM LIMIT

Die gut 70 Prozent der beim Staat angestellten Kubaner verdienen monatlich 4000–5000 CUP (Mindestlohn 2023: 2500 CUP), das sind umgerechnet ca. 150–180 Euro. Preisfrage: Wer kann davon leben? Der Kubaner! Denn fast alles, was er/sie zum Leben braucht, wird vom Staat subventio-

Kubanischer Nationalstolz: Flaggenmeer bei einer Kundgebung in Havanna

niert und ist deshalb superbillig: z. B. Miete, Wasser, Gas, Telefon, Busfahren. Schule und Uni sind sogar kostenlos, ebenso wie die ärztliche Versorgung. Aber was ist mit Luxusgütern wie z. B. Elektrogeräten? Die gibt es nur in den Devisenläden; an die kommt also nur, wer Dollars, Euros oder eine andere harte Währung besitzt. Parallel dazu bröckelt die Grundversorgung durch die Lebensmittelkarte *libreta*. Im Rahmen ihrer schon 2011 beschlossenen „graduellen Abschaffung" wurde die Liste der Libreta schon gekürzt. Mehr Einschnitte sind zu erwarten, denn Kuba ist dabei, sein Sozialsystem umzubauen. Das führt zu Verunsicherung der Bevölkerung. Bei den Älteren geht die Sorge vor Armut im Alter um. Und die Jüngeren suchen ihr Glück in der staatlich zwar geförderten, aber unsicheren Selbstständigkeit.

Vergleichsweise gut geht es den Kubanern, die entweder von Verwandten im Ausland finanziell unterstützt werden oder im Tourismus arbeiten und sich dann auch noch selbstständig gemacht haben, z. B. mit Gästezimmern *(casas particulares)* oder mit einem Restaurant *(paladar)*. Diese Bevölkerungsschicht lebt relativ sorgenfrei. Manch Paladarbetreiber kassiert inzwischen lieber Dollars oder Euros, da diese Devisen auf dem informellen Geldmarkt das bis zu Siebenfache des offiziellen CUP-Tauschkurses erreichen, während die zunehmende staatliche Angleichung an den informellen Geldmarkt dafür sorgt, dass für den offiziellen Umtausch in Dollars immer mehr CUP benötigt werden. So entstand eine Kluft, die Missgunst schafft und die sozialen Errungenschaften der Revolution zu gefährden droht.

ESSEN SHOPPEN SPORT

Gute Laune ist die halbe Miete: Eisladen in Havanna

OBISPO
OBISPO
BARQU
PALETI

ESSEN & TRINKEN

Nie zuvor war Kubas Küche so kreativ! Immer mehr Köche zaubern aus dem manchmal mageren Angebot der Märkte Köstliches – vom Klassiker bis zur Haute Cuisine.

BARS WIE IN DEN TWENTIES

Eine Limette, sechs frische Minzeblätter, ein Teelöffel Zucker, zwei Zentiliter Rum, Sodawasser, ein Minzezweig: Fertig ist Kubas Nationalgetränk, der Mojito. Oder wie wär's mit einem zartgrünen Daiquirí aus Zuckerrohrsirup, Rum und Limonensaft, wie ihn Ernest Hemingway so geliebt hat? Oder mit einem Mary Pickford, einem Havanna-Spezial, einem Canchanchara und einem Cuba libre? Dazu gehört die Atmosphäre einer Bar aus Havannas berühmt-berüchtigten 1920er- und 1930er-Jahren, als die US-Mafiosi Al Capone und Meyer Lansky auf Kuba weilten und dann auch der trinkfreudige Ernest Hemingway. Die Cocktailbars zehren heute wieder von der legendenumwobenen Zeit der Prohibition (Verbot von Alkoholherstellung und -konsum 1920–33) in den USA. Damals war Kuba die einzig legale und dazu noch schön tropische Tankstelle für Trinklustige und Drehscheibe des Alkoholgeschäfts.

GEBRANNTES UND GEPRESSTES

Ob Cuba libre, Mojito oder Daiquirí: Zum Mixen nimmt man weißen Rum, der fünf oder mehr Jahre in Eichenholzfässern gereift ist. Mit höherem Alter weist er eine dunklere Farbe auf und wird *añejo* genannt. Den Rum genießt man pur *(seco)* oder on the rocks *(con hielo)*. Der bekannteste Rum der Welt kommt ursprünglich aus Kuba: Bacardí. Unvergessen blieb der Havanna-Club, in dem sich US-Geschäftsleute trafen und die Rumbrenner-Dynastie Bacardí Rum ausschenkte. Nach der Revolution flohen die Bacardís

Einfach und deftig: Bohneneintopf (li.), typisches Reisgericht (re.)

nach Puerto Rico. Kaum bekannt ist ein kubanisches Getränk aus Ostkuba: Es heißt Prú und enthält u.a. Zimt, Ginseng, Ingwer und braunen Zucker. Dem fermentierten Gebräu werden allerlei Heilwirkungen nachgesagt (u.a. bei Magenbeschwerden und Bluthochdruck); außerdem gilt es als anregend.

INSIDER-TIPP
Medizin und Aphrodisiakum

Biertrinker können unter mehreren Sorten wählen. Erfrischend wie ein leichtes Pils ist z.B. das *Cristal*. Kaffeetrinker sollten den *café cubano* probieren, der in kleinen Tassen schwarz und gezuckert serviert wird. *Guarapo* heißt der trübe, leicht süße, ausgepresste Saft des Zuckerrohrs. Er ist trotz seiner Süße erfrischend. Ein Genuss sind die frisch gepressten Säfte aus Tropenfrüchte wie Ananas, Mango, Papaya, Guave, Zitrone bzw. Limone, Apfelsine und Grapefruit.

„PRIVAT" ESSEN

Mitunter ist das Thema „Essen" noch von einer schlechten Versorgungslage überschattet. Wundere dich also nicht, wenn es in manchen Restaurants nur eine kleine Speisenauswahl gibt oder auf der Karte angebotene „im Moment" nicht zu haben sind. Besser sieht es in den privaten Restaurants und *paladares* aus – so hießen die ersten privaten Restaurants, heute nennt man nur noch kleinere und einfachere Restaurants so. Die Köche beziehen heute Frisches von ihren eigenen Lieferanten, kaufen auf den Märkten oder in in den MLC-Märkten (MLC= *moneda libremente convertible*), in denen nur mit Devisen oder MLC-Karte bezahlt werden kann. Mitunter verkaufen die Bauern auch billig Gemüse, Obst oder Käse am Straßenrand! Übrigens: Wenn man dir als

INSIDER-TIPP
Unterwegs Frisches kaufen

Erfrischend: Kubas Nationalgetränk, der Mojito

Gast in einer *casa particular* die Zubereitung von Hauptmahlzeiten anbietet, ist das mehr als nur Höflichkeit. Die Gastwirte zahlen für das Recht der Beköstigung hohe Steuern. Wenn du annimmst, ist also sowohl deinem Hunger als auch deinen Gastgebern geholfen. Melde aber deine Wünsche rechtzeitig an, denn manche Zutat muss erst noch besorgt werden.

KUBANISCHE HAUSMANNKOST

Abgesehen von Kubas ehrgeiziger neuer Gastroszene ist das Angebot in den Restaurants in der Regel eher rustikal. Typische Beilage ist Reis mit schwarzen Bohnen, *arroz moro*. In Suppen und als Beilage werden häufig auch gekochte Süßkartoffel *(boniato)*, Jams- *(ñame)* oder Maniokwurzel *(yuca)* gereicht. Kochbananen *(plátanos)* werden oft als frittierte Scheiben zu Fisch und Fleisch serviert. Suppen gehören zur traditionellen kubanischen Küche, die stark spanisch-maurisch beeinflusst ist. Ein ursprünglich spanischer „Klassiker" ist die *sopa de ajo*, eine einfache, aber köstliche Knoblauchsuppe.

MEERESFRÜCHTE

Die größten Delikatessen sind natürlich Meeresfrüchte wie z. B. Langusten, an denen zumindest in den Hotels kein Mangel herrscht. Fisch wird gekocht *(hervido)*, gebraten *(asado)*, auf Pizza und in Teigbällchen verbacken oder als *salpicón* (Salat) gereicht. Vorsicht ist geboten in weniger frequentierten staatlichen Restaurants an den Autobahnen oder an den Stränden. Fällt der Strom aus (und das passiert!), taut der Inhalt auf, und wenn es wieder Strom gibt, friert alles wieder ein. Das ist nicht förderlich für die Bekömmlichkeit der Lebensmittel. In privaten Restaurants sind Langusten dagegen meist frisch und preiswert. Hilf aber bitte mit, die Langustenbestände zu schonen: Vom 1. März bis 30. Juni haben Langusten und Krebse Schonzeit!

ZUM GUTEN SCHLUSS

Magenverstimmungen können auch von unsauberem Wasser herrühren, daher: bei Getränken mit Wasser *agua sana* (sauberes Wasser) verlangen, Eiswürfel und Salate meiden. Bei besseren Restaurants gilt: Der Gast wartet am Eingang, bis ein Kellner ihn zu einem freien Tisch führt. Eine Reservierung ist meist nicht nötig.

Unsere Empfehlung heute

Vorspeisen

SOPA DE VEGETALES
einfache Suppe aus verschiedenen Gemüsesorten

ENSALADA DE CAMARONES
Shrimps-Cocktail mit roter Sauce

MARIQUITAS CON MOJO DE AJO
Kochbananen-Chips mit Knoblauchsauce

Hauptgerichte

POLLO FRITO A LA CRIOLLA
frittierte, vorher marinierte und in Mehl panierte Hähnchenteile

POTAJE DE FRIJOLES NEGROS
Eintopf von schwarzen Bohnen mit Speck, Chorizo- und Kartoffelstücken, Knoblauch, Tomatenmark und Zwiebeln, gewürzt mit Oregano und Kümmel

ROPA VIEJA
(„alte Klamotten") in Stücke gerupftes, weiches Rindfleisch in einer würzigen Sauce zu weißem Reis

CARNE ASADA
geschmortes Fleisch, meist mit Möhren, Knoblauch, Zwiebel, Porree und Tomate, gewürzt mit Oregano und Lorbeer

Desserts

FLAN
im Wasserbad gegarter kleiner Pudding aus zuckriger Eiercreme in karamellisiertem Zucker

SEÑORITAS
mit Vanillecreme gefüllte Blätterteigschnitten

PASTELITOS
mit Guave oder anderen tropischen Früchten gefüllte Pastetchen

COQUITO BLANCO
süße Nachspeise aus Kokosnussfleisch

Getränke

LIMONADA NATURAL
der Saft einer Limone, mit Wasser und Eis aufgefüllt

BATIDA DE FRUTA
Saft von frisch gepressten Früchten mit Milch und zerstoßenem Eis

TUCOLA
die kubanische Variante der Coca-Cola

SHOPPEN & STÖBERN

CHE & CO.

Unglaublich, was die Kubaner so alles aus Holz, Muscheln, Sisal, Stoff und sogar aus Getränkedosen zaubern: blecherne kleine Oldtimer, Umhängetaschen, kreolische Puppen, Schmuck in den verwegensten Variationen und Reproduktionen alter spanischer Segelschiffe in Modellgröße – von den Häkelarbeiten, Strohhüten und -taschen mal ganz abgesehen. Dazu plünderte der Staat für die Che-Guevara-Fans in aller Welt die Archive und bietet das Konterfei des Revolutionärs auf T-Shirts, Postkarten, in Bildbänden, auf Buchstützen und sogar auf Hosenträgern an.

LUFTIG UND LEICHT

Immer gut angezogen ist Mann mit der *guayabera!* Das leichte Kurzarmhemd, das fast jeder Kubaner in seinem Schrank hat, besitzt vier Taschen und wird wie eine Jacke über der Hose getragen. In bester Qualität gibt'es die Hemden bei *El Quitrín* in Havanna *(Obispo 163, zw. Mercaderes und San Ignacio)* oder in Varadero *(Av. 1ra)*.

INSIDER-TIPP
Modisch up to date

KUNST VOM KÜNSTLER

Kuba liebt und fördert Künstler wie kaum ein anderes Land. So mancher *pintor* (Maler) ist z. B. im Mercado Artesanal des *Centro Cultural Antiguos Almacenes de Depósito San José* am alten Hafen von Havanna auch persönlich anzutreffen. Dort gibt es auch gleich ein Büro des *Registro Nacional de Bienes Culturales,* in dem dir eine Genehmigung *(autorización)* für die Ausfuhr (Pflicht ab einer Bildgröße von 50 x 50 cm) abgestempelt wird. In manchen Galerien wie der *Galeria Habana (Mo–Fr 10–16, Sa 10–13 Uhr | Havanna | Línea Nr. 460)* gibt's die Bescheinigung beim Kauf gleich dazu.

Was kommt mit – Kunst (li.) oder T-Shirts mit Che-Guevara-Motiven (re.)?

ACHTUNG, OHRWÜRMER!

Du willst den Sound Kubas mit nach Hause nehmen? Dann brauchst du nicht lange zu suchen. Die in Cafés, Bars oder den Casas de la Trova spielenden Bands bieten ihre Musik oft nach dem Konzert als CDs zum Kauf an. Qualitativ besser sind die in den staatlichen Egrem-Studios produzierten Scheiben. Eine gute Auswahl führen die *ARTEX*-Läden. Angesagte Hitproduzenten sind u.a. Los Van Van und Manolito (Salsa) sowie Gente de la Zona (Reggaeton) mit dem Sänger-Duo Alexander Delgado Hernández und Randy Malcom Martínez.

FLÜSSIGES GOLD

Der Rum der Zuckerinsel Kuba, ob *Ron Mulata (mulata.de), Ron Varadero, Ron Santiago de Cuba, Ron Caney (roncaney.de)* oder *Havana Club (havanaclub.com),* ist für seine hervorragende Qualität weltberühmt. 2023 wurde er von der Unesco zum Immateriellen Kulturerbe erklärt. Es gilt die Regel: je länger im Holzfass gereift, desto feiner – und teurer ist das Stöffchen. So ein Rum schimmert dann goldbraun und heißt *Gran Reserva;* getrunken wird er dann pur oder mit Eis. Dreijährig und weiß würzt er die diversen Cocktails.

BLAUER DUNST

Die berühmteste kubanische Zigarrenkreation ist die *Cohiba* – 1964 von Fidel Castro benannt nach dem Rauchritual der Ureinwohner. Er selbst rauchte Cohibas im Format *Lucero,* Che Guevara hingegen *Montecristos Nr. 4.* Vorsicht bei Angeboten auf der Straße: Meist handelt es sich um Fälschungen. Für die Ausfuhr von mehr als 50 Zigarren benötigt man die Kaufbelege des Geschäfts in Original und Kopie (für den Zoll); die Zigarren müssen originalverpackt und mit holografischem Stempel versehen sein.

SPORT

Auf Kuba lernst du nicht nur, die Hüften im Takt zu schwingen! Viel Spaß machen vor allem auch sportliche Aktivitäten wie Wandern, Radfahren, Tauchen. Dafür sorgen nicht zuletzt die tollen Landschaften und die guten Guides.

FAHRRAD FAHREN

Weltweit konkurrieren die Veranstalter von Radreisen um Teilnehmer für ihre Touren auf Kuba. Erstklassige Bikes sind dabei inzwischen eine Selbstverständlichkeit. Besonders beliebt ist die Strecke von Trinidad nach Cienfuegos. Völlig entspannt sitzt und fährst du mit den coolen *Cubyke-Cruisers*, den bequemen E-Bikes mit extra dicken Reifen, von *Cubyke* in Havanna *(Miramar | 7ma Nr. 8607, zw. 86 und 88 | cubyke.com | Touren ab 65 Euro)*.

INSIDER-TIPP
Neues Fahrgefühl erleben

KLETTERN

Hunderte von Kletterrouten durchziehen die *mogotes*, die Tafelberge, von Viñales – die Sportler schwärmen von den Herausforderungen des Karstgesteins, den Überhängen und der interessanten Vegetation. Eine Fülle von Information zum Thema findest du auf der Website *cubaclimbing.com*, u. a. auch das „Cuba Climbing Guide-Book".

MOTORRAD FAHREN

Bist du vielleicht ein Harley-Davidson-Fan und lässt dir diesen Spaß auch gerne mal was kosten? Dann bist du bei *Poderosa Tours* von Ernesto Guevara genau an der richtigen Adresse. Er startet zu festen Terminen mit kleinen Gruppen und einem hochkarätigen Betreuungsteam zu den Highlights von Kuba *(Preise ab 3300 US$, 7 Tage/ 6 Nächte, alles inklusive | lapoderosa tours.com)*.

Nur für Unerschrockene: Tauchen mit Riffhaien

REITEN

So tolle Landschaften wie das Valle de Viñales, das Escambray-Gebirge bei Trinidad oder die Sierra Maestra im Osten zwischen Bayamo und Santiago kannst du wie ein Cowboy hoch im Sattel erkunden. Anbieter findest du – wenn du den Reitausflug nicht gleich bei einem Spezialveranstalter von zu Hause aus gebucht hast – über *Cubatur.* Tolle Reitausflüge in die Umgebung von Trinidad kannst du z. B. mit *Horseback Riding Tours* *(C/ Santiago Escobar 174, zw. Martí und Frank País | Tel. 58 07 03 03 | Facebook: excursionhorseback)* unternehmen.

INSIDER-TIPP
Fest im Sattel

SEGELN

Yachthäfen mit Liegeplätzen und Chartermöglichkeiten gibt's u. a. in Havanna, Varadero und Cienfuegos (*nauticamarlin.com | gaviota-grupo.com).* Hilfreich: die Downloads zum Thema Kuba bei Delius Klasing *(delius-klasing.de).*

STAND-UP-PADDLING

Der Trendsport erreichte Kuba, lange bevor die International Surfing Association im Bruderstaat China die World SUP & Paddleboard Championship veranstaltete. Gute Bedingungen und eine SUP-Schule erwarten dich im *Cuba Kite Village* an der Playa La Conchita in Guanabo *(Playas del Este | Havanna | Tel. 53 54 59 87 17 | cubakitevillage.com).* Du möchtest auch Yoga auf dem Brett machen? Dann wende dich an *SUP in Cuba (3ra Nr. 112 | Havanna/Miramar | Tel. 51 96 97 69 | @supincuba)*; dort werden auch Ausflüge und Trainingseinheiten angeboten.

TANZEN

Willst du Son, Cha-Cha-Cha oder Salsa lernen, dann kannst du einen Kurs entweder bereits zu Hause bei einem

Spezialveranstalter (s. S. 128) buchen oder vor Ort – z. B. in der *abc academia baile en cuba* (S. 72) in Varadero – belegen.

TAUCHEN

Freu dich auf intakte Unterwasserwelten und sauberes Wasser mit Sichtweiten um die 40 m. Ein Tauchgang kostet ab ca. 35 Euro, allerdings fehlt es mitunter an modernem Equipment. Hier eine Übersicht der besten Spots:

Cayo Largo: Höhlen, Grotten, Drop-offs mit tollen Korallen; eine Tauchschule findest du an der Playa Sirena.

Hola Club Faro Luna/Cienfuegos: Highlight sind die vielen Unterwasser-Canyons in unmittelbarer Nähe der Tauchbasis.

Guardalavaca/Playas Esmeralda/Pesquero: Tauchen in Tiefen zwischen 5 und 40 m nahe des Bahamas-Kanals; überall Höhlen, Grotten und Korallentäler.

Isla de la Juventud: Das Tauchgebiet mit den meisten Tauchspots auf Kuba (56!) liegt 13–20 Seemeilen vom Hotel Colony entfernt.

★ *Jardines de la Reina:* Einst Castros beliebtestes Angelrevier, seit 1996 Nationalpark. Das Gebiet vor der Südküste gehört zu den 100 besten Tauchgebieten weltweit und umfasst ca. 250 Inselchen; das Riff ist 120 km lang! Sichtweiten bis 50 m, phantastische Fisch- und Korallenvielfalt. Angeboten werden Safaris mit Tauchschiffen, man wohnt auf einem Hotelschiff.

Jardines del Rey: Korallengärten mit Weich- und Steinkorallen, Grotten, Höhlen, Canyons, Spalten und Wracks, alles in superklarem Wasser (Sichtweiten um die 40 m) mit ungewöhnlich vielen Fischen, auch Walhaien.

Urwald-Trekking im Naturpark Topes de Collantes im Escambray-Gebirge

Marea del Portillo: Tauch- und Schnorchelgebiet mit 16 Spots, darunter ganze Wälder der seltenen schwarzen Koralle.

María La Gorda: Die küstennahen Tauchplätze (15–30 Bootsminuten entfernt) liegen am Außenriff, das bis auf 2500 m Tiefe abfällt. Wegen der schwachen Strömungen auch ein gutes Revier für Anfänger.

Playa Santa Lucía: Zwischen November und Mai sind hier besonders viele Fische zu sehen, dafür ist die See in der restlichen Zeit weniger stürmisch. Hier werden auch seit vielen Jahren Bullsharks gefüttert – und du kannst dabei sein!

INSIDER-TIPP
Haialarm: nur gucken, nicht anfassen!

Santiago de Cuba: Über 23 Tauchspots mit herrlichen Tunneln, Steilwänden und Korallenbergen.

Varadero: Korallenriffe, Höhlen und Wracks; insgesamt warten rund um die Strandhalbinsel mit den großen Touristenhotels 30 Tauchspots.

Erfahrene Tauchreiseanbieter für Kuba sind *Cuba Buddy (Oranienstr. 183 | 10999 Berlin | Tel. 030 26 47 50 13 22 | cuba-buddy.de)* und *Nautilus Tauchreisen (Tel. 08143 931 00 | nautilus-tauchreisen.de)* in Inning/Ammersee.

WANDERN

Willst du hoch hinaus, gar auf den Pico Turquino, den höchsten Berg Kubas? Oder eher den Dschungel erkunden z.B. im arteneichen Humboldt-Nationalpark, in den Wäldern um Topes de Collantes oder von Las Terrazas? Auch wenn es ausgewiesene *senderos* (Wanderwege) gibt: Allein solltest du dich schon aus Sicherheitsgründen niemals auf den Weg machen, immer nur in der Gruppe! Und in den Nationalparks muss sowieso ein staatlich anerkannter Fremdenführer dabei sein. Den bekommst du in den örtlichen Infozentren oder bei Agenturen wie *Ecotur (ecoturcuba.tur.cu* und *Cuba Nature Travel (cubanaturetravel.com)*. Legst du Wert auf einen deutschsprachigen Guide, studiere das Programm von Kubaspezialisten wie *avenTOURa (aventoura.de/cuba)*.

WIND- UND KITESURFEN

Gute bis sehr gute Windbedingungen bieten die Strände von Cayo Guillermo, Guardalavaca, Playa Santa Lucía und Varadero (durchschnittlich 2–6 Beaufort). Zum Kitesurfer-Hotspot wurde Cayo Guillermo vor der Nordküste *(kite-cuba.com)*.

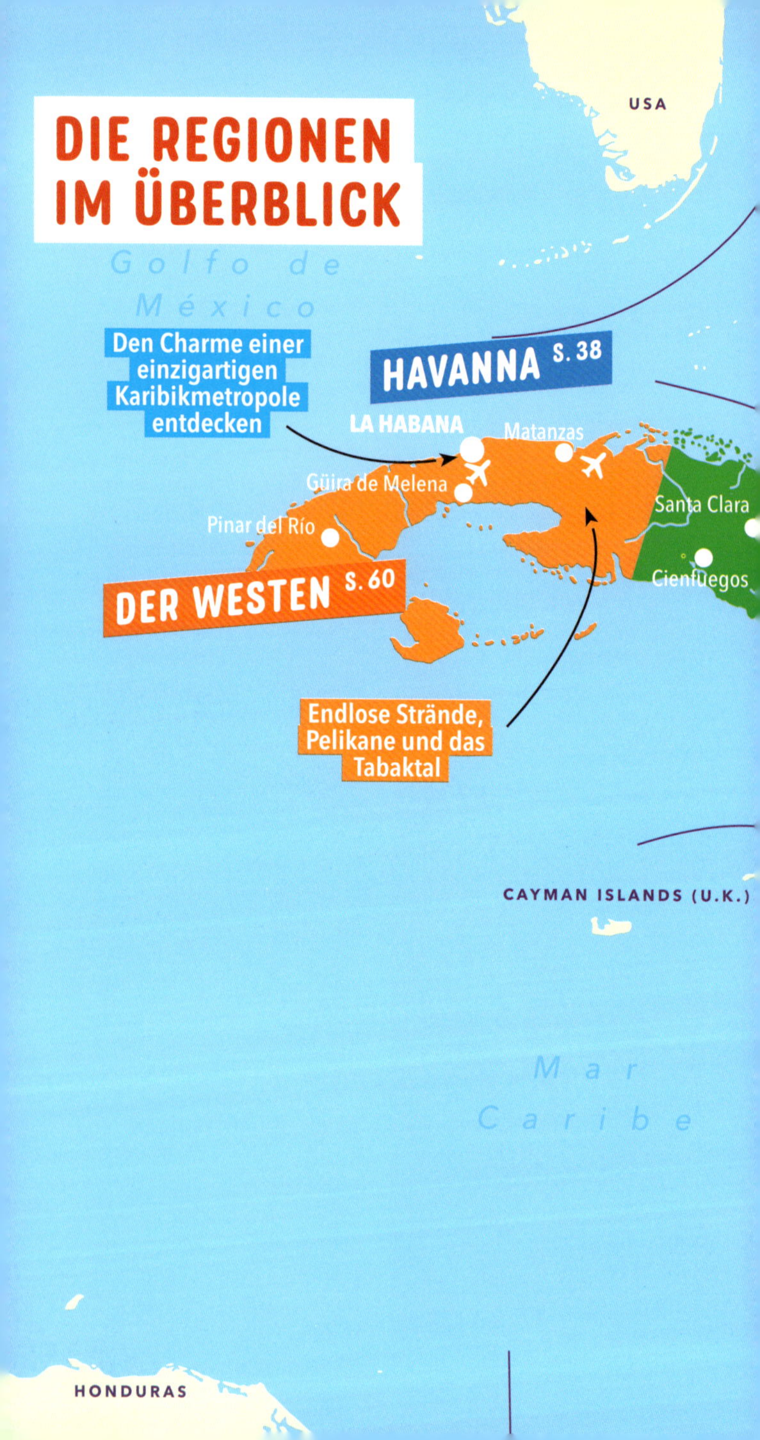

DIE REGIONEN IM ÜBERBLICK

USA

Golfo de México

Den Charme einer einzigartigen Karibikmetropole entdecken

HAVANNA S. 38

LA HABANA

Matanzas

Güira de Melena

Santa Clara

Pinar del Río

Cienfuegos

DER WESTEN S. 60

Endlose Strände, Pelikane und das Tabaktal

CAYMAN ISLANDS (U.K.)

Mar Caribe

HONDURAS

ATLANTIC OCEAN

BAHAMAS

Draußen vor der Küste von Insel zu Insel hüpfen

DIE MITTE S. 76

Camagüey

Holguín

DER OSTEN S. 92

Bayamo

Cauto

Guantánamo

Santiago de Cuba

Die ältesten Städte und die Wiege der Revolution entdecken

HAITI

JAMAICA

100 km
62.14 mi

HAVANNA

DIE DIVA DER ANTILLEN

„In Havanna, mein Lieber, geht alles, wenn du kein Langeweiler bist." So heißt es über das Leben in der Metropole Kubas. Nie war der Spruch so aktuell wie jetzt, da Jungunternehmer der Wirtschaftskrise zum Trotz so schicke Restaurants und Bars betreiben, als wollten sie mit den besten Adressen in Miami konkurrieren. Man findet sie in *Habana vieja,* das mit seinen kolonialen Prachtbauten zum Welterbe erklärt wurde. Aber auch am Malecón, der langen Uferstraße. Oder in Vedado, dem ehemaligen Sündenbabel der Roa-

Die liebevoll gepflegten alten US-Limousinen gehören in Havanna zum Straßenbild

ring Fifties, und im mondänen Miramar. Die 3-Mio.-Metropole liegt an einer Bucht, über die im Osten eine der größten Festungen der Karibik wacht. Wo früher unter Wasser eine Kette die Einfahrt versperrte, kannst du heute durch einen Tunnel unter der Bucht durchfahren – zur Festung oder zu den Stränden der Playas del Este, nach Cojímar, wo Hemingway zu seinem Buch „Der alte Mann und das Meer" inspiriert wurde. Und wenn dir nach tiefster Provinz zumute ist, dann fliegst du von Havanna einfach auf die Isla de la Juventud.

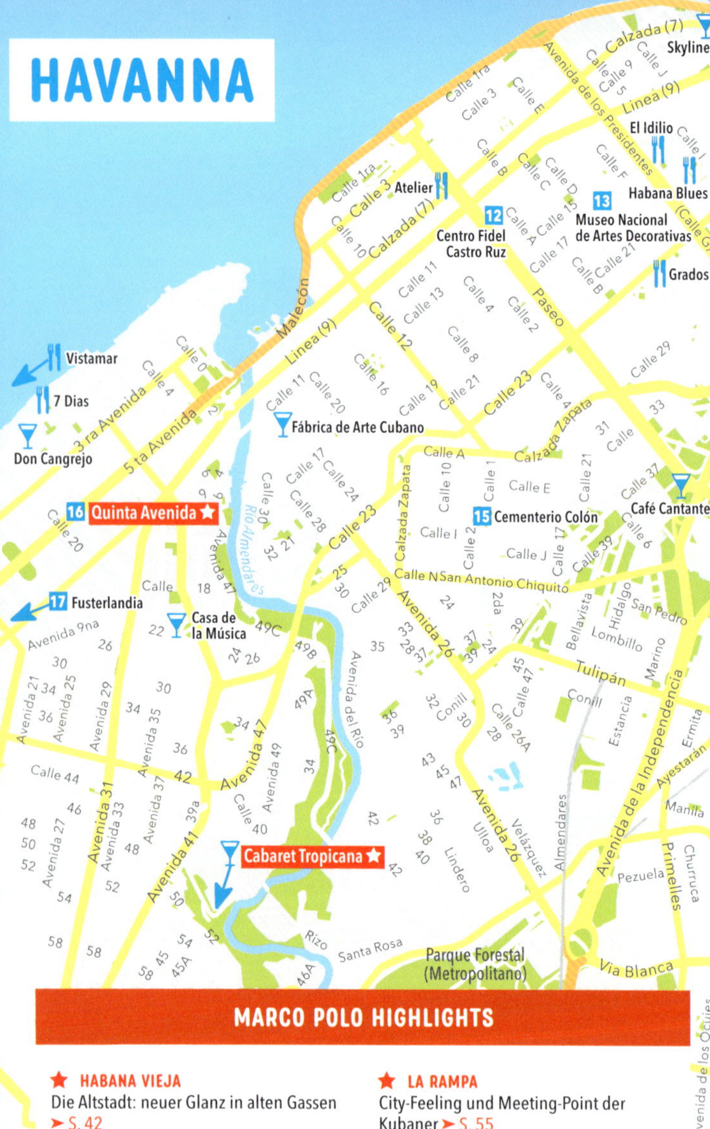

MARCO POLO HIGHLIGHTS

★ **HABANA VIEJA**
Die Altstadt: neuer Glanz in alten Gassen ➤ S. 42

★ **MALECÓN**
Die Uferpromende ist abendlicher Treffpunkt und Sehnsuchtsort ➤ S. 50

★ **QUINTA AVENIDA**
Prachtstraße des Botschaftsviertels ➤ S. 55

★ **CABARET TROPICANA**
Die weltberühmte Tanzrevue ist ein Muss ➤ S. 56

★ **LA RAMPA**
City-Feeling und Meeting-Point der Kubaner ➤ S. 55

★ **PLAYAS DEL ESTE**
Herrliche Strände in der Nähe der Hauptstadt ➤ S. 58

★ **MUSEO HEMINGWAY**
Hier lebte und arbeitete der Literaturnobelpreisträger ➤ S. 58

Caleta de San Lázaro
Malecón
La Torre
California Café
La Rampa
11 Malecón
Laurent
Heladería Coppelia
Callejón de Hamel
La Guarida
San Lázaro
Neptuno
San Rafael
Lagunas
Calle L
Ronda
Calzada de Infanta
Espada
Aramburu
Márquez
Padre Varela (Belascoaín)
Gervasio
Calzada Zapata
Avenida Zanja
Jesús Peregrino
Avenida Salvador Allende (Carlos III)
Malecón (A. de Antonio Maceo)
San Lázaro
Colón
Trocadero
Virtudes
Perseverancia
Avenida de Italia (Galiano)
Águila
Industria
Malecón (Avenida de Antonio Maceo)
Agramonte (Zulueta)
Avenida de Bélgica
San Miguel
San Nicolás
Lealtad
Dragones
Avenida Simón Bolívar (Reina)
Maloja
Cárdenas
Factoría
Suárez
Canal de Entrada
Avenida del Puerto
Aguiar
Tejadillo
Aguacate
O'Reilly
Empedrado
Calle Baratillo
Amargura
Oficios
Cuba
Villegas
Compostela
Sol
Luz
San Ignacio
Merced
Picota
Lugareño
Maloja
Oquendo
González
Pozos Dulces
Retiro
Subirana
Condesa
(Monte)
Máximo Gómez
Florida
Desagüe
Benjumeda
Carmen
Avenida de España (Vives)
Ayestarán
19 de Mayo
Lindero
Santa Maria
Avenida del Puerto (Tallapiedra)
Ensenada de Atarés
14 Plaza de la Revolución
Aranguren (Zaldo)
Calzada de Infanta
Avenida Arroyo (Manglar)
Atarés
20 de Mayo
Amenidad
Estévez
Universidad
Calzada del Cerro
Avenida de México (Cristina)
Ferrer
Fabrica
Maso
Consejero Arango
Cádiz
San Ramón
Anillo del Puerto
Pedro Pérez
Auditor
Velázquez
San Joaquín
San Felipe
750 m
820 yd
Domínguez
Patria
6 Bahía de la Habana
Canal de Entrada
Caleta de San Lázaro
Avenida del Puerto
Malecón (Avenida de Antonio Maceo)
San Lázaro
Genios
Morro
Peña
Pobre
San Telmo
Refugio
Crespo
Colón
Habana 61
Chacón
Piscolabis
Museo de la Revolución 8
Ivan Chefs Justo
Chacón 162
La Bodeguita del Medio
3 Plaza de la Catedral
Doña Eutimia
4 Plaza de Armas
Lagunas
San Nicolás
Avenida de Italia (Galiano)
Blanco
Águila
Trocadero
Paseo de Martí (Paseo del Prado)
Museo Nacional de Bellas Artes
Ánimas
Industria
Consulado
Alma Cuba Shop
Calle Aguiar („Scherengasse")
Perseverancia
Campanario
Virtudes
Virtudes
9
Sloppy Joe's Bar
Villegas
304 O'Reilly
Concordia
Neptuno
Neptuno
Neptuno
Calle Obispo 2
Habana Vieja
San Ignacio
Amargura
1 Prado/Parque Central
Dador
Cuba
Oficios
San Miguel
San Rafael
Agramonte
Castillo de Farnés
El Café
Lealtad
San Cristóbal
Águila
Amistad
Industria
Avenida de Bélgica (Monserrate)
Bernaza
Brasil (Teniente Rey)
5 Plaza Vieja
José de San Martín (San José)
Cristo
Clandestina
Aguiar
La Vitrola
7
Sol
Avenida del Puerto
Zanja
Sia Kava Café
Los Nardos
Aguacate
Muralla
S. Clara
10 Barrio Chino
Real Fábrica de Tabacos Partagás
Dragones
Villegas
Sol
Compostela
Luz
Inquisidor
Manrique
Salud
Rayo
Amistad
Máximo Gómez (Monte)
(Zulueta)
Luz
Picota
Acosta
Habana
Curazao
Avenida Simón Bolívar (Reina)
Legendarios del Guajirito Buena Vista Social Club

Auch von innen repräsentativ: Das Capitolio wurde dem Weißen Haus nachempfunden

HABANA VIEJA

Gasse für Gasse, Platz für Platz geschmückt mit prächtigen Bauten verschiedener Epochen – und überall Musik: ★ Habana Vieja, die Altstadt, ist ein lebenspralles Monumente für den jahrhundertelangen Aufstieg der Stadt zu einer der einst reichsten Amerikas.

Jede Epoche hat ihre Spuren hinterlassen. Ein kleiner Tempel *(El Templete)* erinnert auf der Plaza de Armas an 1519, als die fünf Jahre zuvor von Diego de Velázquez gegründete *Villa San Cristóbal de La Habana* an ihren heutigen Platz verlegt wurde; erste Befestigungen wie das Castillo de Real Fuerza bezeugen ihre Beförderung (1535) zum Sammelhafen aller spanischen Schatzschiffe aus Mittel- und Südamerika. Welcher Reichtum offenbar zu verteidigen war, davon erzählen Reste der alten Stadtmauer, vereinzelte Baluarten und vor allem aber der gigantische Festungskomplex Morro-Cabaña.

Auf Schritt und Tritt begegnest du Zeugen aus Kubas Zeit als weltgrößter Zuckerlieferant: prachtvollen Palästen mit Holzbalkonen, fürstlichen Portalen oder hohen Holztüren mit phantasievollen *aldabas* (Türklopfern). In die restaurierten Gebäude zogen Hotels, Restaurants und Bars ein, während sich die Av. del Puerto am alten Hafen in eine Bummelmeile mit Kreuzfahrt- und Fährhafen gewandelt hat.

SIGHTSEEING

1 PRADO/PARQUE CENTRAL

Karl Lagerfeld wusste schon, warum er seine Models auf dem Paseo de Martí, kurz Prado genannt, mit seiner Kollektion schaulaufen ließ. Denn die von Löwenskulpturen bewachte und abends romantisch von alten Messinglaternen beleuchtete Prachtstraße gleicht einem roten Teppich für Havannas goldene Mitte. Die Flaniermeile verläuft etwa auf dem alten Mauerlauf zwischen *Habana vieja* und *Centro* und mündet in den *Parque Central*, der sich über mehrere Blocks erstreckt. Er macht seinem Namen „Zentralpark" alle Ehre: Hier häufen sich die Luxushotels, und hier liegt das *Edificio Bacardí* ganz nah, das schönste Art-déco-Gebäude der Stadt.

Den geschäftigen Betrieb im Park kannst du gut vom Boulevardcafé des nostalgischen Hotels *Inglaterra* aus beobachten. Das Nachbargebäude, das *Gran Teatro de La Habana Alicia Alonso*, in dem schon Caruso sang, wird zurzeit renoviert, kann aber besichtigt werden (1 US $/Euro).

WOHIN ZUERST?

Parque Central *(e2-3)*: Der Platz ist internationaler Treffpunkt und touristische Schnittstelle. Hier kannst du einen Oldtimer für eine Stadtrundfahrt (ca. 30 Euro/ Std.) mieten. Vor dem Hotel Inglaterra halten auch die günstigen Hop-on-Hop-off-Sightseeing-Busse von Habana Bus Tour (10 US $/Euro, mit Kreditkarte), und in der Passage des nahen Hotels Sevilla kann man Ausflüge und Mietwagen buchen. In die Altstadt, zum Prado und zum Malecón sind es jeweils nur ein paar Schritte.

Dominiert wird der Park vom *Capitolio*, das 1929 ganz unverblümt dem Weißen Haus in Washington nachempfunden wurde und heute Sitz des kubanischen Parlaments, aber für Besucher offen ist *(tgl. 10.30–22 Uhr | Eintritt nur mit Führung 20 US $/Euro | zahlbar im Geschäft gegenüber, 1 Std.)*.

INSIDER-TIPP **Aus der Krone ins Kapitol**

Der Diamant im *Salon de los Pasos Perdidos* soll aus der Krone des russischen Zaren Nikolas II. stammen und Kilometer Null der Carretera Central auf Kuba markieren. Die (afrokubanischen) Götter haben die Parlamentarier auch an ihrer Seite: schräg gegenüber, am Paseo del Prado Nr. 615, im *Museo de los Orishas (tgl. 9–16.30 Uhr | Eintritt 250 CUP | 20 Min.)*. *e2-3*

2 CALLE OBISPO

Eng wie ein Korridor für gerade mal zwei Kutschen und heute Fußgängerzone, bündelt diese ehemalige Wallstreet Havannas (weil hier auch die Nationalbank von 1907 ihren Sitz hatte) den bunten Strom der Besucher. Betrittst du sie vom Parque Central her, siehst du an der Ecke gleich Ernest Hemingways Stammlokal *El Floridita (Nr. 557 | floridita-cuba.com | €€€)*, gerühmt auch als die „Wiege des Daiquiri", wo der in Bronze gegossene Literat seinen Stammplatz besetzt. Ein paar Schritte weiter kannst du auf dem kleinen Kunstgewerbemarkt nach Souvenirs stöbern. Livemusik lockt dich weiter zum beliebten *Café Paris (Ecke San Ignacio | €€)*. So beschwingt, bezaubert das alte Interieur des *Museo Farmacéutico Taqechel (Nr. 155)* umso

Florida: Die alten Hotels in Habana vieja haben den Charme der Kolonialzeit konserviert

mehr. Du willst eine Nachricht nach Hause schicken? Im Hotel *Ambos Mundos (Nr. 153)* kannst du bei einem Drink das Wlan in der Lobby nutzen und gleich noch in Zi. 511 *(Eintritt 2 US $/Euro | ⏱ ¼ Std.)* das Bett und den Arbeitsplatz von Hemingway anschauen, der hier in den 1930-Jahren wohnte und nach der Arbeit gern um die Häuser zog, nach seinem berühmten Motto: „Meinen Mojito trinke ich in der Bodeguita del Medio, meinen Daiquiri im El Floridita." *e-f2*

3 PLAZA DE LA CATEDRAL

Hier wohnte früher die Creme des spanischen Adels: z. B. der Graf von Aguas Claras gleich links von der Kathedrale, dort, wo heute das Restaurant *El Patio (tgl. 12–23 Uhr, Bar rund um die Uhr | €€)* zur Einkehr lädt. Rechts, im heutigen *Museo Marqués de Arcos (Di–So 9.30–16.30 Uhr | Eintritt 75 CUP)*, lebte der Schatzmeister Diego Peñalver y Angula und vis-à-vis der Karthedrale, dort, wo heute das *Museo de Arte Colonial (Di–So 10–17 Uhr | Eintritt 50 CUP | ⏱ ½ Std.)* vom Lebensstil der Reichen vom 17.–19. Jh. erzählt, der Graf von Bayona. Die *Catedral San Cristóbal* selbst dominiert den Platz mit ihrer schmucken Barockfassade. 1748 als Jesuitenkirche begonnen, ist sie innen eher schlicht. Ein Schild erinnert daran, dass in ihr bis 1898 die Gebeine von Kolumbus aufbewahrt wurden. Dich interessiert Kunst? Dann schau mal in das Eckgebäude links von der Kathedrale, das *Centro de Arte Contemporáneo Wifredo Lam (C/ San Ignacio 22 | Di–So 10–15 Uhr | Eintritt frei | wlam.cult.cu)*, benannt nach dem kubanischen Künstler Wifredo Lam (1902–82). *f2*

4 PLAZA DE ARMAS

Stell dir vor, wir hätten noch das 16. Jh. – der Platz wäre noch fast leer! 1519 wurde auf dem kleinen Platz, auf dem jetzt hübsch eingezäunt die Kapelle *El*

Templete (1828) mit dem Ceibabaum steht, die Gründungsmesse für *La Villa San Cristóbal de La Habana* – so lautet der vollständige Name der Stadt – zelebriert. Ein anderes Relikt aus frühester Zeit ist das benachbarte *Castillo de La Real Fuerza* (1577) mit der kleinen Figur der berühmten *Giradilla* auf dem Dach, dem Wahrzeichen Havannas. Sie stellt Inés de Bobadilla dar, wie sie nach ihrem auf einer Mississippi-Expedition umgekommenen Ehemann Hernando de Soto Ausschau hält, der – wie damals üblich – Gouverneur und zugleich noch Entdecker war. In der Festung entführt das *Museo de Navegación* in die Zeit, als Havanna die erste königliche Werft Neuspaniens war *(Di–So 9.30–17 Uhr | Eintritt 75 CUP | ⏲ ¾ Std.)*. Das wichtigste Gebäude aber erhebt sich im Schutz mächtiger alter Bäume: der ehemalige *Palacio de los Capitanes Generales (Palast der Generalkapitäne, 1791)*. Schallschluckende Holzbohlen davor mahnen immer noch zur Ruhe. Heute Stadtmuseum, kann man drinnen sehen, wie prunkvoll hier residiert wurde *(Di–So 9–18 Uhr | Eintritt 75, mit Guide 125 CUP | ⏲ 1 Std.)*. 🕮 f2

INSIDER-TIPP
Schiffsgerippe und alte Münzen

5 PLAZA VIEJA

Auf dem früheren Marktplatz ist immer was los! Hier locken beliebte Lokale wie das *Mojito Mojito (tgl. 10–23.45 Uhr | Tel. 78 01 81 87 | €€)* oder das *Café el Escorial (tgl. 9–21 Uhr | €–€€)*; hier stehen schöne alte Häuser wie die *Casa del Conde de Jaruco* (1768) mit einem schmiedeeisernen Balkon. Im Eckgebäude *Gómez Vila* (1909) kannst du dir den Platz bis in seine Umgebung hinein in Echtzeitprojektion durch eine *Cámara oscura (Mo–Sa 10–17.20 Uhr | Eintritt 50 CUP | ⏲ ½ Std.)* von oben ansehen! 🕮 f3

6 BAHÍA DE LA HABANA

Achtung, hier wird geschossen! Allerdings nur noch mit Fotoapparaten und Handys, aber das reichlich. Die Motive: zwei massive alte Festungen und eine 17 m hohe (von Batistas Ehefrau gestiftete) Christusfigur am Ostufer sowie das glitzernde Großstadtpanorama mit seiner Uferpromenade, dem *Malecón*, am Westufer. Nur wenige Städte bieten ein so überwältigendes Bild bei der Einfahrt mit dem Kreuzfahrtschiff. Die Festungen teilen sich auf in das vom legendären spanischen Festungsbaumeister Antonelli erbaute *Castillo de los Tres Reyes del Morro* (1589–1630) und die *Fortaleza de San Carlos de la Cabaña* (1763–74). Hier knallt es jeden Abend um 21 Uhr: beim *Cañonazo* (der Kanonenzeremonie) – früher das Signal für die Schließung der Stadttore. Alte Waffen gibt's auf dem Gelände *(tgl. 10–22 Uhr | Eintritt 200, mit Leuchtturmbesuch 300 CUP)* im *Museo Fortificaciones y Armas* zu sehen und Che Guevaras erstes Büro in der *Comandancia del Che (Mo–Sa 10–18, So 10–13 Uhr | @parquemorrocabana)*. ⏲ 3 Std. | 🕮 e–f1

7 AVENIDA DEL PUERTO

Der Kreuzfahrtterminal *Sierra Maestra* liegt optimal für einen Bummel entlang der Hafenstraße Avenida del Puerto. Eindrucksvolles Gegenüber ist die *Plaza de San Francisco de Asís* mit dem feinen *Café del Oriente (tgl. 10–22.30 Uhr | €€€),* dem imposanten Handelskammergebäude *Lonja del Comercio* und der bei Hochzeitspaaren beliebten Klosterkirche *San Francisco de Asís* (1608–1738). Im *Museo Ron Havana Club (Mo–Fr 9–16 Uhr | Eintritt 250 CUP | Av. del Puerto 262, Ecke Calle Sol | havana-club.com | 45 Min.)* wirst du gründlich über die Rumproduktion informiert. Dazu gehört auch das Modell der Zuckerfabrik *Central Azucarero Esperanza,* bei dem kleine Züge über Gleise tuckern und es rot im Brennofen glimmt. Hinter der legendären Hafenbar *Dos Hermanos* wechselst du die Straßenseite, passierst das gläserne Fährhaus für die *Lancha de la Regla,* die etwa alle 20 Minuten *(7–14 Uhr)* zwischen Habana vieja und La Regla pendelnde Fähre *(2 CUP eine Fahrt),* und erreichst bald das Bierlokal *Cervecería* im *Antiguo Almacén de la Madera y el Tabaco* und den daneben liegenden großen Souvenirmarkt *Feria Antiguos Almacenes Nave San José (tgl. 10–18 Uhr).* Noch Lust auf einen kleinen Abstecher? Weiter südlich beginnt die Bahnhofsgegend, wo der in ganz Lateinamerika verehrte kubanische Freiheitsheld und Dichter José Martí aufwuchs. Sein Geburtshaus, die *Casa Natal De José Martí (Di–Sa 9–17 Uhr | 50 CUP | Calle Perez 314),* steht gegenüber dem zzt. wegen Umbauarbeiten geschlossenen Bahnhof. Dazwischen: Reste der alten Stadtmauer! *f 3–4*

8 MUSEO DE LA REVOLUCIÓN

Seit in der Eingangshalle des Museums, das so demonstrativ im ehemaligen Präsidentenpalast von 1920 residiert, dem 2016 verstorbenen *chefe en comandante* Fidel Castro gehuldigt wird, stauen sich die Besucher oft vom

Havannas Altstadt – überall Plätze, Brunnen, historische Fassaden

Eingang bis hinunter zum Relikt der alten Stadtmauer. Die Mitkämpfer Che Guevara und Camilo Cienfuegos „springen" weiter oben als lebensgroße Wachsfiguren in Guerillamontur aus einem angedeuteten Busch. Zum Schaukasten mit der Yacht „Granma", mit der die Rebellen 1956 im Osten Kubas landeten, kommst du durch einen Extra-Zugang. *Tgl. 10–17 Uhr | Eintritt 200 CUP, Führung 50 CUP | Calle Refugio 1 | 1 Std. | e2*

9 MUSEO NACIONAL DE BELLAS ARTES

Das Nationalmuseum der Schönen Künste ist in zwei Gebäuden untergebracht: Perlen der kubanischen Malerei finden sich im modernen Gebäude an der Calle Trocadero *(zw. Zulueta und Montserrate)*. Auf den Bildern von Portocarrero oder Wifredo Lam erzählen die Gesichter der porträtierten Kubanerinnen von Stolz, Liebe und Leid. Internationale Kunst wird im ehemaligen *Centro Asturiano (C/ San Rafael, zw. Zulueta und Montserrate)*, das 1928 nach dem Vorbild der Pariser Oper erbaut wurde, gezeigt. *Beide Do–Sa 9–17, So 10–14 Uhr | Eintritt für beide 200, einzeln je 125 CUP | bellasartes.co.cu | je 1 Std. | e2*

INSIDER-TIPP
Starke Frauen

ESSEN & TRINKEN

304 O'REILLY

Angesagter Treffpunkt! Über eine alte Eisentreppe kommst du ins Obergeschoss zu den Balkonplätzen. Supergute Cocktails, Tacos und frische (Meeresfrüchte-)Küche. *Tgl. 12–24 Uhr | O'Reilly 304/zw. Habana und Aguiar | Tel. 53 05 61 50 | €–€€ | e–f2*

EL CAFÉ

Beliebter Treffpunkt in der Altstadt. Klein, aber oho! Neben einer großen Auswahl an frisch zubereiteten Sandwiches gibt es hier (wenn verfügbar) sogar vegane Milch. Auch superlecker: das Schoko-Bananen-Brot. *Tgl. 9–18 Uhr | Amargura 358, zw. Aguacate und Villegas | Tel. 78 61 38 17 | € | e3*

CASTILLO DE FARNÉS

Spanische Küche mit Erinnerungswert: Am 9. 1. 1959 aßen Fidel Castro, sein Bruder Raúl und Che Guevara in diesem bei Insidern immer noch angesagten Lokal – das Beweisfoto hängt am Eingang. *Tgl. 11–23 Uhr | Av. Monserrate 401, Ecke Obrapía | €€ | e2*

INSIDER-TIPP
Historischer Moment

DOÑA EUTIMIA

Wirtin Leticias Abad lockt mit deftiger kubanischer Küche wie *ropa vieja („alte Klamotten"):* faserig geschmortes Lammfleisch mit Reis. *Tgl. 12–22 Uhr | Callejón del Chorro 60, C/ Plaza de la Catedral | Tel. 78 01 33 32 | @ dona eutimia | €–€€ | f2*

IVAN CHEFS JUSTO

In dem üppig dekorierten gemütlichen Oberstübchen speist du vom Feinsten. Schon die Vorspeisen – wie Austerncocktail oder Kalebassencreme – sind toll! *Tgl. 12–24 Uhr | Aguacate 9, Ecke Chacón | Tel. 78 63 96 97 | @ivanchefsjusto | €€–€€€ | e2*

LA VITROLA

Das Warten auf einen freien Platz lohnt in diesem gemütlichen Pivatrestaurant. Es gibt gute Cocktails, leckere Tapas und günstige Sattmacher wie Chicken Cordon bleu. *Tgl. 8–24 Uhr | C/ San Ignacio, Ecke Muralla (Plaza Vieja) | @lavitrolaa | €–€€ | f3*

SHOPPEN

ALMA CUBA SHOP

Bist du auf der Suche nach ausgefallenen Souvenirs, am besten handgefertigt von kubanischen Künstlern? Dann lohnt der Besuch dieser Boutique! *Mo–Sa 10–16.30 Uhr | C/ Tejadillo 116, zw. C/ Habana und C/ Aguíar | almacubashop.com | e2*

CALLE AGUÍAR („SCHERENGASSE")

Eine Riesenschere weist vor der winzigen Fußgängerzone auf Havannas berühmtesten Friseur hin. Im Obergeschoss der Calle Aguíar Nr. 10 betreibt Gilberto Valladares, genannt Papito, seine Mischung aus Friseursalon und Museum, die er *Arte Corte (Mo–Sa 12–18 Uhr)* nennt. Jedes Stück erzählt eine Geschichte, auch der Frisörstuhl selbst. Gehst du an den Restaurants vorbei, siehst du links die auf Freizeitkleidung spezialisierte Souterrain-Boutique *Pedro's (Nr. 17). Zw. C/ Peña Pobre und C/ Santelmo | e2*

INSIDER-TIPP
Besuch bei Papito

CLANDESTINA

Witzige T-Shirts, coole Klamotten und eine tolle Atmosphäre – in diesem unabhängigen Modemacherladen findest du viel mehr als nur das obligatorische Havanna-Souvenir! *Mo–Sa 10–20, So 10–18 Uhr | Villegas 403 | @clandestina99 | e3*

DADOR

„Trage, was du liebst" heißt das Motto der drei Kubanerinnen, die hier ihre herrlich duftigen und floralen Sommerkleider, coolen Leinenkombis oder Blusen anbieten. Die Marke der drei Designerinnen ist längst über die Grenzen Havannas hinaus bekannt. *Tgl. 11–18 Uhr | C/ Amargura 253, zw. C/ Habana und C/ Compostela | @dadorhavana | e3*

INSIDER-TIPP
Lässig, tropisch, modisch

PISCOLABIS

Viel Spaß beim Stöbern in diesem schicken kleinen Basar! Dich erwartet kreative Kleinkunst wie hübsch bestickte Kissen, edel polierte Holzgefäße für Küche und Tisch oder auch Kaffeebecher mit besonders originellen Motiven. Eine Oase im Altstadttrubel. *Mo–Fr 9.30–19.30 Uhr | San Ignacio 75 | f2*

AUSGEHEN & FEIERN

LA BODEGUITA DEL MEDIO

Die Heimat des Mojito, tapeziert mit Fotos zahlloser Fans. Der berühmteste war Ernest Hemingway; den Cocktail erfunden haben soll allerdings der englische Freibeuter Francis Drake im 16. Jh. *Tgl. 12–0.45 Uhr | C/ Empedrado 207 | Tel. 52 68 92 85 | @bodeguitadelmediocuba | f2*

CHACÓN 162

Eine Harley-Davidson über dem Tresen, Route-66-Schilder an den Wänden: Durch die urige Eckkneipe weht ein Hauch von Biker-Fernweh; wer nur Euros oder US-Dollars in der Tasche hat, kann hier auch damit bezahlen. *Tgl. 12–24 Uhr | Chacón 162, Ecke Callejón de Espada | Tel. 52 72 16 68 | @barchacon162 |* *e2*

HABANA 61

Coole Restaurantbar im Miami-Style: schwarzer Lack mit Neon an den Wänden, weiße Schalensitze auf Marmorboden und eine leichte, kreative Küche. *Tgl. 12–2 Uhr | C/ Habana 61 | Tel. 78 01 64 33 | @habana61restaurante |* *e2*

SLOPPY JOE'S BAR

Die wiedereröffnete Bar- und Imbisslegende aus den 20er-Jahren des letzten Jhs. war ein Ableger eines Lokals gleichen Namens (dt. „schlampiger Joe") auf Key West. Hier gab es damals die ersten Hamburger mit Hackfleischsauce. Bist du Whisky-Fan, findest du hier außerdem mit über 40 Sorten die größte Auswahl auf Kuba. *Calle Zulueta 252, zw. Animas und Virtudes | Tel. 78 66 71 57 |* *e2*

CENTRO

Optisch steht das Centro arg im Schatten seiner prächtigen Grenzlinie im Osten, des Prado und des Parque Central. Abends sitzen die Menschen vor den Eingängen der

Dass Hemingway hier einst Gast war, ist nicht zu übersehen: Bodeguita del Medio

verwohnten alten herrschaftlichen Häuser, aus den Etagen ertönt Musik und Gelächter.

Es ist ungeschminktes Kuba mit all seinen Problemen, aber auch mit seinem einzigartigen Cahrme – und mit einigen gastronomischen Perlen, kleinen Märkten und Kneipen an den Ecken. Mit den lebhaften Calles Galiano und Rafael besitzt es seine eigenen Geschäftsstraßen, und am Malecón, der weltberühmten, verwegen langen Uferstraße, an der sich halb Havanna zum Sunset trifft, zeigt es sich von seiner allerbesten Seite. Dort würzt eine frische Brise vom Meer her die manchmal frivole Atmosphäre in den Häuserschluchten dahinter, salzig und süß zugleich.

In der Callejón de Hamel wird sonntags getanzt und Musik gemacht

SIGHTSEEING

10 BARRIO CHINO

Der Eingang vom Parque Central her ist leicht am chinesischen Tor zu erkennen. Hier lebten einst Tausende von Chinesen, die nach der Sklavenbefreiung mit oft falschen Versprechungen ins Land gelockt wurden. Die wenigen, die blieben, verbreiten in der Calle Cuchillo (zwischen Dragones und Zanja) noch einen Hauch asiatischen Zaubers. *d3*

11 MALECÓN ★

Insgesamt ist die berühmte Uferpromenade, über die bei starkem Wetter oft die Wellen spritzen, stolze 7 km lang. Doch der Teil vor dem Centro ist der älteste und als Treffpunkt der beliebteste – für die Kinder nach Schulschluss ebenso wie für Verliebte zum Sonnenuntergang, Musiker oder Angler. Erbaut ab Anfang des 20. Jhs., waren die Häuser an der Stirnseite früher so etwas wie die Visitenkarte Havannas, eines prächtiger als das andere. Inzwischen klaffen Lücken. Nicht jedes Gebäude konnte bei der Rettungsaktion des legendären Historiador Dr. Eusebio Leal Spengler wieder hergestellt werden. Dem Charme dieser einzigartigen Meile tat es keinen Abbruch. *a–e 1–2*

ESSEN & TRINKEN

LA GUARIDA

Der Hit unter den Privatrestaurants, auch wenn es schon eine Weile her ist, dass hier der Film „Fresa y chocolate" („Erdbeer und Schokolade") gedreht wurde. Auf der Dachterrasse finden *Rooftop-Jazz-nights* statt! *Tgl. 12–16, 19–24 Uhr | C/*

INSIDER-TIPP
Nacht-Sessions

Concordia 418, zw. C/ Gervasio und C/Escobar, 3. St. | Tel. 78 66 90 47 | laguarida.com | €€€ | 🕮 c2

LOS NARDOS

Wenn du dich mal richtig satt essen willst: In diesem geheimniskrämerisch abgedunkelten Restaurant sind die Portionen üppig, gut und günstig. *Mo–Sa 12–24, So 12–22 Uhr | Paseo de Martí (gegenüber vom Kapitol) | Tel. 78 63 29 85 | €€ | 🕮 e3*

SAN CRISTÓBAL

Oh, du schönes, altes, verruchtes Havanna! Lauter vorrevolutionäre Showstars lachen dich hier von den Fotos an den Wänden an, das Mobiliar erinnert an einen Trödler, aber das Essen ist Spitze. Tipp: Rinderfilet in Pfeffersauce. Unbedingt reservieren! *Mo–Sa 12–24 Uhr | San Rafael 469 | Tel. 78 60 17 05 | €€–€€€ | 🕮 c-d3*

SIA KAVA CAFÉ

In der Cocktailbar hinter dem Capitol lässt sich gut Cuba libre trinken. Originell eingerichtet mit einer Kuschelecke hinterm Vorhang aus Krawatten. *Tgl. 12–2 Uhr | C/ Barcelona 502, Ecke C/ Industria | 🕮 d3*

SHOPPEN

REAL FÁBRICA DE TABACOS PARTAGÁS

In dem schönen alten Fabrikhaus in der C/ Industria 524 hinter dem Capitolio wird nicht mehr produziert, aber ein gut sortierter Laden stimmt dort schon mal in die Zigarrenvielfalt ein. Fabriziert werden die Partagás-Zigarren heute in der Calle San Carlos 816. Tickets für Besichtigungen *(Mo–Fr 9–13 Uhr)* gibt's im *Hotel Saragota (Paseo de Martí 603)*. *🕮 e3*

AUSGEHEN & FEIERN

CALLEJÓN DE HAMEL

So temperamentvoll huldigen die Habaneros ihren Santeria-Göttern: Musiker trommeln, was das Zeug hält, und Männer und Frauen tanzen sich auf offener Straße in Trance. Das Straßenfest (mit Wahrsagerinnen) findet normalerweise jeden Sonntagnachmittag ab 12 Uhr statt. *Callejón de Hamel, zw. C/ Aramburu und C/ Hospital | 🕮 b-c2*

LEGENDARIOS DEL GUAJIRITO BUENA VISTA SOCIAL CLUB

Wer von kubanischen Evergreens nicht genug bekommt, hat bei dieser tollen (allerdings auch sehr teuren) Musikshow für Touristen seinen Spaß. *Mo–Sa 20.30–1, So bis 24 Uhr | Eintritt 60 US$ | Zulueta 660, zw. C/ Apodaca und C/ Gloria | 🕮 e3–4*

VEDADO

(🕮 a1–3) **Erst vom Niemandsland zur sündigen Meile, jetzt Ausgehviertel und gepflegte Wohnadresse mit breiten Boulevards.**

Vedado heißt „verboten", und die Gegend diente früher dem Schutz der Stadt – bis die Reichen sie zu Anfang des 20. Jhs. für ihre Villen und der US-Geldadel sie für Hotels, Kasinos und Bars entdeckten. Dazu entstanden wichtige Straßen wie La Rampa, Líneo und Calzada und breite Boulevards wie die Avenida de los Presidentes und Paseo. Letzterer führt zur Plaza de la Revolución. An der Calle L auf einem Hügel liegt der Haupteingang zur Universität, kurz „La Colina" genannt. Steinquader mit Straßennummern an den Kreuzungen helfen bei der Orientierung.

Che Guevara wacht über den Platz der Revolution

SIGHTSEEING

12 CENTRO FIDEL CASTRO RUZ

Hochmodern und spannend: Das 2021 eröffnete Museum über Fidel Castro, den 2016 verstorbenen Vater der kubanischen Revolution, ist schön in einer vornehmen Villa untergebracht. Viele Fotos, Videos und Grafiken zu seinem Werdegang vom Rebellen zum Staatsmann. Nicht verpassen: die digitale Simulation zur Invasion in die Schweinebucht. *Di–Sa 9–16, So 9–13 Uhr | Eintritt frei | Calle 11 No. 707, zw. Paseo und A | 1½ Std. | 0*

INSIDER-TIPP
Interaktiv in die Schlacht

13 MUSEO NACIONAL DE ARTES DECORATIVAS

Tures Sèvres-Porzellan, edle Baccarat-Vasen, Chippendale-Möbel, Tiffany-Lampen – in dem Haus, in dem heute das *Museum für Dekorative Kunst* untergebracht ist, lebte die durch Heirat zur Condessa de Revilia de Camargo aufgestiegene María Louisa Gomez Mena standesgemäß zwischen Kostbarkeiten von damals wie heute unvorstellbarem Wert. *Di–Sa 10–16 Uhr | Eintritt 125, mit Foto-Erlaubnis 250 CUP | Calle 17, Nr. 502, zw. D und E | 1 Std. | 0*

14 PLAZA DE LA REVOLUCIÓN

Auf dem Platz der Revolution treffen sich am 1. Mai traditionell Arbeitervertreter aus aller Welt. Der „Hügel der Katalanen" wird seit 1958 vom 109 m hohen *Memorial a José Martí (Mo–Sa 9.30–16.30 Uhr | Eintritt 125 CUP)* überragt. Den Platz rahmen repräsentative Gebäude: das *Teatro Nacional* (Ecke Paseo), das Innenministerium (mit Che-Guevara-Bild), das Informationszentrum (mit Cienfuegos-Bild), die Nationalbibliothek, das Verteidigungsministerium, der *Palacio de la Revolución* und das Gebäude des PCC-Zentralkomitees. *a5*

15 CEMENTERIO COLÓN

Wie rührend ist das Grab mit Rinti, dem Hund, der Frauchen in den Tod folgte! An Geschichten um die Personen, die auf diesem Friedhof bestattet sind, mangelt es nicht. Zu den Promis zählen u. a. der Schriftsteller Alejo Carpentier (1904–80) und der Buena-Vista-Social-Club-Star Ibrahim Ferrer (1927–2005). Der älteste Friedhofsteil, genutzt bis 1875, ist die unterirdische *Galería de Tobías*, die ein Jahr nach der Grundsteinlegung des Friedhofs eingeweiht wurde. *Tgl. 8–17 Uhr | Eintritt 125 CUP | Av. Obispo Fray Jacinto, C/ 14 | Eingang: C/ Zapata und C/ 12 | 45 Min. | 0*

ESSEN & TRINKEN

ATELIER

Schick tafeln zwischen moderner Kunst. Kreativ ist auch die Küche, wie z.B. die Lachsröllchen mit Käse oder *malangitas* mit Honig (Malanga ist eine Art Kohl, der fein gerieben, mit Ei gemischt und frittiert wird) beweisen. *Tgl. 12–24 Uhr | C/ 5ta 511, zw. Paseo und C/ 2 | Tel. 78 36 20 25 | @atelier.restaurante | €€–€€€ | 0*

CALIFORNIA CAFÉ

Überraschung! Die kreativen kubanisch-kalifornischen Snacks in dem unauffälligen Lokal vor der von internationalen Backpackern bewohnten Villa werden dich verblüffen! *Ab 8 Uhr (Frühstück) | Calle 19, zw. C/ N und C/ O | Tel. 54 63 09 81 | californiacafehavana.com | €€ | b2*

GRADOS

Chef Raulito zaubert so manche überraschende Köstlichkeit. Berühmt sind seine mit selbst angesetztem Prú (Aphrodisiakum und Heilmittel aus Ostkuba) angereicherten Saucen. *Do–So 12–15, 19–22 Uhr | Calle E Nr. 562, zw. 23 und 25 | Tel. 78 33 78 82 | €€–€€€ | a3*

INSIDER-TIPP
Saucen mit Nebenwirkungen

HABANA BLUES

Das Restaurant zum Film „Havana Blues" – verrückt dekoriert, beliebt bei Künstlern und Schauspielern. Kubanische und internationale Küche; gut sind die Tamales. *Tgl. 12–23.30 Uhr | Calle H, Nr. 405, zw. C/ 17 und C/ 19 | Tel. 78 35 65 45 | €–€€ | a2*

HELADERÍA COPPELIA

Havannas berühmter Eispalast hat schon bessere Zeiten gesehen. Eisliebhaber Fidel Castro ließ ihn 1966 erbauen, weltbekannt wurde er durch

Das moderne Kuba: Kunstausstellung in der Fábrica de Arte Cubano

den Film „Fresa y chocolate". *Di–So 11–22.30 Uhr | La Rampa, C/L | a2*

EL IDILIO
Schon der köstliche Duft vom offenen Grill, wo vor den Augen der Gäste Langusten, Fischfilets oder Fleischstücke und -spieße gedreht und gewendet werden, macht richtig Appetit auf die Speisepalette dieses luftigen Paladars! *Tgl. 12–24 Uhr | C/G 351, Ecke C/15 | @el_idilio | Tel. 78 30 79 21 | €€–€€€ | 0*

LAURENT
Speisen auf hohem Niveau: Das elegante, private Restaurant liegt im Obergeschoss eines mehrstöckigen Wohnhauses. Von unten siehst du schon die Gardinen flattern, oben kannst du dann zu Ceviche oder Lamm anderen aufs Dach oder hinaus aufs Meer gucken. *Tgl. 12–24 Uhr | Calle M, Nr. 257, zw. C/19 und C/21 | Tel. 78 31 20 90 | @cafelaurenthabana | €€€ | a2*

AUSGEHEN & FEIERN

CAFÉ CANTANTE
Wochentags treten in dem Kellerlokal unter dem Teatro Nacional die besten Salsa-, Hip-Hop- und Rock-Bands auf. Großer Andrang herrscht zu den beliebten Travestieshows – rechtzeitig hingehen! *Mi/Do 15–24 Uhr | Eintritt je nach Veranstaltung | Av. Paseo, C/39, Plaza de la Revolución | Tel. 78 78 42 73 | a4*

INSIDER-TIPP
Super Drag-Show

FÁBRICA DE ARTE CUBANO
Das riesige private Kulturzentrum in einer ehemaligen Ölfabrik erkennst du leicht am hohen Schornstein. In der Fabrik lockt Rockstar X Alfonso die Avantgarde mit Kunst und Events. Auf

dem Dach findest du das angesagte Restaurant *El Cocinero (tgl. 12–24 Uhr | Tel. 78 32 23 55 | €€–€€€). Do–So 20–3 Uhr | Eintritt je nach Veranstaltung ab 2 US$/Euro | C/26, Ecke C/11 | Tel. 78 38 22 60 | @fabricadeartecubano |* *0*

LA RAMPA ★

Die Calle 23 (zw. Malecón und Calle L) ist Amüsiermeile, Geschäftsstraße und Wlan-Hotspot in einem, im Volksmund wird sie nur La Rampa genannt. Hier tauchst du ein in pralles Leben, hier findest du die Büros von Fluggesellschaft, Kinos, Nachtclubs und Bürogebäude wie das Pressezentrum und klasse Jazzclubs wie z.B. La Zorra y el Cuervo *(tgl. 22–2 Uhr | Eintritt 250 CUP | C/23, zw. C/N und C/O).* Sei schon 45 Min. vor Beginn da, wenn du noch einen guten Platz haben willst! *b2*

INSIDER-TIPP
Jazz aus der ersten Reihe

SKYLINE

Luftige Restaurantbar auf einer Terrasse gegenüber der US-Botschaft. Hier treffen sich Havannas neue Promis, z.B. junge Geschäftsleute. *Tgl. 18–6 Uhr | Calzada 101 | Tel. 78 36 03 46 | @skyline_restaurante |* *a1*

LA TORRE

Havanna liegt dir hier zu Füßen: Die Bar krönt das weithin sichtbare *Edificio FOCSA* (mit 36 Stockwerken das höchste der Stadt!). Nur für Schwindelfreie: die Plätze an den bis zum Boden reichenden Fenstern. *Tgl. 12–24 Uhr | C/17, zw. C/M und C/N | Tel. 78 38 30 88 |* *a2*

MIRAMAR

In der Zeit der Prohibition in den USA, als sich Vedado in eine sündige Barmeile verwandelte, zog es die Reichen weiter westlich nach Miramar.

Dieses Viertel beginnt, wo der Malecón endet. Hauptschlagader ist die prächtigste Straße der ganzen Karibik, die *Quinta Avenida*. Sie führt von der Welt der herrschaftlichen Botschafts- und Firmensitze zu den Stadtteilen Playa und Jaimanitas und bis hinaus zur Marina Hemingway.

SIGHTSEEING

16 QUINTA AVENIDA ★

Die vierspurige Quinta Avenida, ursprünglich Avenida de la Américas, durchzieht Miramar wie ein Parcours für die schönsten Villen der Stadt, in denen heute meist Botschaften und große Unternehmen ihren Sitz haben. Angelegt zu Anfang des vorigen Jahrhunderts, lässt sie mit ihrem Grünstreifen in der Mitte die Hektik der Hauptstadt fast vergessen. Sehr beliebt ist die Avenida auch als Joggingstrecke! *0*

17 FUSTERLANDIA

Das musst du einfach mit eigenen Augen gesehen haben: dieses über und über mit karibisch-bunten, surrealen Motiven phantasievoll bemalte kleine „Dorf" des kubanischen Künstlers José Fuster (1946*). Sein Lebenswerk! *Tgl. 9.30–16 Uhr | Eintritt 50 CUP | Calle 226, Av. 3 | Jaimanitas |* *0*

ESSEN & TRINKEN

7 DIAS

Klingelt's bei diesem Namen? Genau: Dieses Lokal ist nach dem bewegenden gleichnamigen Film (2012) benannt! Du sitzt hier schön auf einer Terrasse direkt am Meer, umweht von salziger Luft und dem Duft frisch zubereiteter Grillgerichte. *Tgl. 10–20 Uhr | Calle 14, 1ra | Playa | Tel. 72 09 68 89 | @restaurante7dias | €€ |* 🕮 *0*

VISTAMAR

Zum herrlichen Blick aufs Meer (tolle Sonnenuntergänge!) gibt's hier köstlichen frischen Fisch mit marktfrischen Zutaten – lecker! *Tgl. 12–24 Uhr | Calle 1ra, zw. 22 und 24 | Tel. 72 03 83 28 | @vistamarhavana | €€ |* 🕮 *0*

SPORT & SPASS

CUBYKE

Lust auf E-Biking, entspannt zurückgelehnt wie auf einer Harley-Davidson? Die coolen *Cubykes* verleiht der Deutsche Martin Staub, auch Mountain-, Trekking- und Cityräder sowie Kindertrailer und -sitze. Touren ab 65 Euro (½ Tag). *7ta Av., Nr. 8607, zw. C/ 86 und C/ 88 | cubyke.com |* 🕮 *0*

MARINA HEMINGWAY

Der größte Yachthafen Kubas ist ausgerüstet mit allem, was der Segler braucht: Restaurants, Läden, Hotels. Gleich am ersten Kanal hat die Tauchbasis *Aguja Dive Center (Tel. 52 73 84 74)* ihren Sitz, die mit Tauchbooten zu den Tauchspots an Havannas Nordküste fährt. *5ta Av., C/ 248 | Santa Fe | Tel. 7 33 11 50 56 (9–15 Uhr) | marinasmarlin.com |* 🕮 *0*

WELLNESS

INSIDER-TIPP **Von Hitze und Lärm erholen**

Dass das Wellnessangebot im Land der Revolutionäre noch unterentwickelt ist, verwundert wenig. Aber zumindest in Havanna gibt es längst ein paar gute Adressen. Im *Vida Spa* in Miramar *(Calle 34, Nr. 308)* kannst du wunderbar relaxen, während du dich verwöhnen lässt.

AUSGEHEN & FEIERN

CABARET TROPICANA ★

Eine Institution wie das Moulin Rouge in Paris: Tolle Tänzer und Tänzerinnen, die besten und schönsten Kubas, wirbeln hier nach immer wieder neuen phantasievollen Choreographien in glitzernden Kostümen über die Bühne. Aus der Taufe gehoben wurde das Revuetheater 1939 von Victor de Correa. *Tgl. ab 20, Show ab 22 Uhr | Eintritt nach Platzwahl, jeweils mit Welcome Drink, Softdrink, ¼ Flasche Rum und Appetizer 75, 85 oder 95, mit Dinner 110 oder 120 US $/Euro | C/ 72, zw. C/ 41 und C/ 45 | Tel. 72 67 01 10 | cabaret-tropicana.com |* 🕮 *0*

CASA DE LA MÚSICA

Konzerte im Haus der Egrem-Musikstudios; ein Muss für Freunde kubanischer Musik ist der dazugehörige Laden. *Eintritt je nach Veranstaltung 10–20 US $/Euro | C/ 20, Ecke C/ 35 | Tel. 72 04 04 47 |* 🕮 *0*

Opulente Glamourshow für Touristen: Cabaret Tropicana

DON CANGREJO

Tagsüber biederes Fischrestaurant, abends Bohemetreff mit super Atmosphäre unter freiem Himmel; mit Pool, direkt am Meer. *Av. 1ra, zw. C/ 16 und C/ 18 | Tel. 72 04 50 02 | 0*

RUND UM HAVANNA

COJÍMAR

10 km/20 Min. von Habana Vieja (mit dem Auto durch den Tunnel)

Hübscher Fischerort, in dem Hemingway seine „Pilar" verankert hatte und Freundschaften mit den Fischern pflegte, die ihm zu Ehren gegenüber der kleinen Festung *El Torrejón* (1649) eine aus Schiffsschrauben gegossene Büste aufstellten. Mit welcher Leidenschaft er angelte, verraten die Fotos in Hemingways Lieblingslokal *La Terraza (tgl. 11–23 Uhr | C/ Mart Real 161 | €€–€€€)*. Die vom letzten Hurrikan etwas ramponierte kleine *Base de Pesca Cojímar* (Fischerhafen), in der Hemingways „Pilar" lag und ihn sein Kapitän und Freund Gregorio Fuentes erwartete, findest du im Osten des Ortes in der Av. 1ra an der Mündung des Flüsschen Cojímar in den Atlantik. *D2*

MUSEO HISTÓRICO DE GUANABACOA

12 km/18 Min. von Habana Vieja (mit dem Auto durch den Tunnel)

Tolle Kostüme, gruselige Fetische, Kultgegenstände und eindrucksvolle Bilder von Zeremonien entführen in diesem Museum in die afrikanisch geprägte Glaubenswelt der Santería. *Di–Sa 9.30–17.30, So 9.30–13 Uhr | Eintritt 50 CUP | C/ Martí 108, zw. San Antonio und Versalles | E2*

RUND UM HAVANNA

PLAYAS DEL ESTE ★

22,5 km/25 Min. von Habana Vieja (mit dem Auto durch den Tunnel)

Sie sind das Lieblings-Wochenendziel der Habaneros: die zusammen ca. 60 km langen Strände östlich von Havanna. Der erste ist die schmale *Playa Bacuranao*, der breiteste die *Playa Santa Maria* (gute Infrastruktur!). Die Strände ziehen sich über den kleinen Ort Guanabo hinaus. Ein besonders romantischer Strand ist dort die *Playa Veneciana*. *E2*

MUSEO HEMINGWAY ★

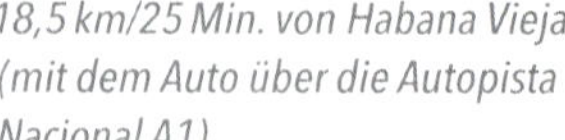

18,5 km/25 Min. von Habana Vieja (mit dem Auto über die Autopista Nacional A1)

Möbel, Jagdtrophäen, Bücher, Fotos, Dokumente und private Erinnerungsstücke – alles blieb fast so, wie Ernest Hemingway (1899–1961) es einst zurückließ. Die Finca *La Vigía* erwarb der Schriftsteller 1940. Im Garten sind u. a. der Pool, in dem Ava Gardner nackt badete, der Hundefriedhof und die Yacht „Pilar" zu sehen. *Mo–Fr 10–17, Sa 10–16 Uhr | Eintritt 125 CUP | San Francisco de Paula, Finca La Vigía | hemingwaycuba.coma.com | D2*

PARQUE LENÍN/JARDÍN BOTÁNICO NACIONAL/PARQUE ZOOLÓGICO NACIONAL

17 km/40 Min. von Habana Vieja mit dem Auto über den Anillo (Ringautobahn) de la Habana

Alle drei Ziele liegen nah beieinander im grünen Gürtel von Havannas Süden. Das lohnendste ist der an den *Parque Lenín* (u.a. mit Lenin-Monument) anschließende, schön angelegte *Jardín Botánico Nacional (Mi–So 9–16.30 Uhr | Eintritt 600, Kinder 360 CUP | Ctra. de Rocío km 3,5 | Facebook: jbnuh).* Hier kannst du auch in 15–20 m Höhe eine 700 m lange Rutschpartie am Stahlseil unternehmen (300 CUP). Weiter westlich findest du den etwas heruntergekommenen, über 300 ha großen *Parque Zoológico Nacional (Mi–So 10–15 Uhr | Eintritt 3, Kinder 2 CUP)* mit Freigehegen und Rundfahrt im Safaribus. *D2*

ISLA DE LA JUVENTUD

133 km/35 Min. ab Flughafen Havanna (mit dem Flugzeug)

Schiffswracks, Piratenlegenden und ein Schatz nähren die Sage, bei dem einst *Isla de Pinos* („Kieferninsel") genannten Eiland handle es sich um die legendäre, von R. L. Stevenson literarisch verewigte „Schatzinsel". Für Fidel Castro war es die Gefängnisinsel. Im *Presidio Modelo (Mo–Sa 8–16, So 8–12 Uhr | Eintritt 50 CUP | am Weg Nueva Gerona-Playa Bibijagua | 1 Std.),* einem Massengefängnis, das heute als Museum zugänglich ist, verbüßte er 1953–55 seine Haft nach dem gescheiterten Sturm auf die Moncada-Kaserne. Später benannte er die Insel in *Isla de la Juventud* („Jugendinsel") um und verwandelte sie in ein Zentrum des Jugendaustauschs. Heute liegen viele Camps brach. *Nueva Gerona* (59 000 Ew.) bietet einen Fährhafen, ein paar Restaurants, u. a. den beliebten Paladar *El Caney (tgl. 12–22 Uhr | C/ 3ra 401, zw. C/ 4 und 6 | €)* und zwei Museen: Das *Museo Finca El Abra (Di–Sa 9–16, So 9–12 Uhr | Ctra. de Siguanea, km 2,5 | ½ Std.)* am Stadtrand, wo sich José Martí 1870 von seiner Haft in Havanna erholte, und das *Museo Municipal (Di–Sa 9–18, So 9–13 Uhr | beide Eintritt 25 CUP | Parque Central).* Der nächstgelegene Strand ist die schwarzsandige *Playa Bibijagua.* Der schönste Strand, die Playa Larga, liegt 60 km vor der Stadt an der Südküste in einem Naturschutzgebiet, das nur mit Führer oder Genehmigung besucht werden kann. In der Cueva de Punta del Este und der Cueva Finlay kannst du noch Felszeichnungen der Ureinwohner sehen. Die Tauchspots verteilen sich um die Punta Francés. *isladelajuventud-cuba.com | C–D 3–4*

INSIDER-TIPP
Indigene Felszeichnungen

SCHÖNER SCHLAFEN IN HAVANNA

LEGENDE MIT CABARET

Schmiedeeiserne Aufzugsgitter, luxuriöse Speisesäle und Salons: Das mit Mafiageldern erbaute *Hotel Nacional (b2)* versprüht einen unvergleichlichen Charme. Vor der Revolution wohnten hier Hollywoodstars wie Errol Flynn, Marlon Brando oder Ava Gardner. Genau wie sie damals kannst du auch heute den phantastischen Blick von der Terrasse genießen. Ein Besuchermagnet ist das angeschlossene *Cabaret Parisien. 472 Zi. | C/ O, Ecke 21 | Vedado | Tel. 78 38 02 97 | hotelnacionaldecuba.com | €€€*

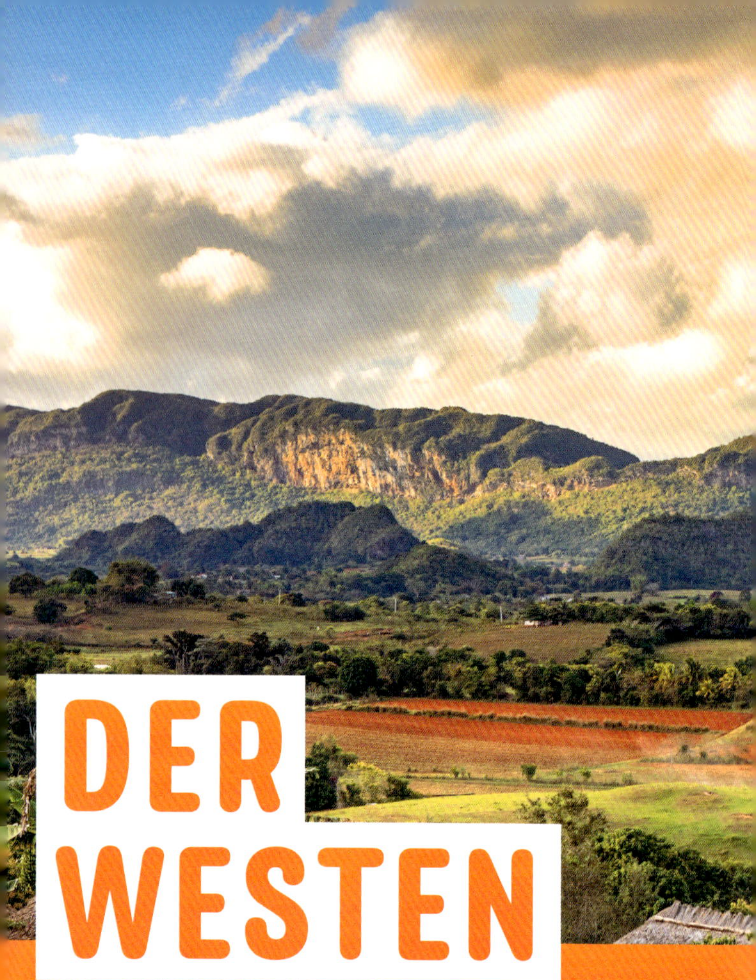

DER WESTEN

SO ABWECHSLUNGSREICH ...

Geheimnisvolle alte Berge und rote Erde voller Tabakpflanzen, das größte Sumpfgebiet der Karibik und der schönste Strand der Insel: Im Westen überrascht Kuba mit tollen Kontrasten. Allein schon die Sierra del Rosario westlich von Havanna und die anschließende Sierra de los Órganos geben einem das Gefühl, im Garten Eden zu sein: mit dem großen Wanderwegenetz in Las Terrazas, dem herrlichen Orchideengarten in Soroa und den heißen Quellen in San Diego de los Baños. Und es kommt noch besser: Über-

Kubas weltberühmtes Tabaktal: das Valle de Viñales

wältigend ist der Anblick der urzeitlichen Mogotes, der Kalkberge im so beliebten Outdoor-Paradies Viñales! Badeziele sind hier nur einen Tagesausflug entfernt. Fähren bringen dich z.B. auf die Trauminsel Cayo Levisa, Busse hinunter zum Strand von María La Gorda beim Guanahacabibes-Nationalpark am äußersten Westende Kubas. Oder lieber gleich reinen Badeurlaub? Dann ab nach Varadero, zum berühmtesten Strand Kubas – oder gleich auf die Honeymoon-Insel Cayo Largo.

DER WESTEN

Golfo de
México
56 km, 1 ½ Std.
z. T. schlechte Straße
Cayo Levisa 7
Orozco
Cabañas
Bahía Honda
Las Terrazas 3
Soroa 2
La Palma
Santa
Lucía
Cayo Jutías 6
5 Cueva de
Santo Tomás
San Cristób
1 San Diego de los Baños
Valle de Viñales
S. 66
Viñales
Los Palacios
Mogotes
Consolación del Sur
Pinar del Río
S. 64
Mantua
Vuelta
Abajo
San Juan y
Martínez
Alonso Rojas
La Coloma
Isabel Rubio
Sandino
137 km, 3 Std.
4 María La Gorda
Nueva Gerona
Isla de la
Juventud
Mar

MARCO POLO HIGHLIGHTS

★ **MOGOTES**
Einzigartige Landschaft mit uralten Kalkstöcken im Valle de Viñales ➤ S. 66

★ **VARADERO**
Der längste und breiteste Strand Kubas – einfach ein Traum! ➤ S. 69

★ **CAYO LARGO**
Wer reif für die Insel ist, findet hier gleich mehrere ➤ S. 75

★ **CIÉNAGA DE ZAPATA**
Das größte Sumpfgebiet der Karibik ist ein Paradies für Pflanzen und Tiere ➤ S. 74

Alles mühselige Handarbeit: Tabakbauer bei Pinar del Río

PINAR DEL RÍO

(◫ C3) **Gelegen im Herzen der besten Anbauregionen, ist die wohlhabende Provinzhauptstadt Pinar del Río (150 000 Ew.) die unangefochtene Tabakmetropole Kubas.**
Seit seiner Gründung in 1669 lebt Pinar del Río gut von der nikotinhaltigen Pflanze. Heute werden in der Stadt auch Solarmodule für den Export hergestellt. Tourismus spielt eine untergeordnete Rolle. Den Mangel an Sehenswürdigkeiten macht die Stadt mit Authentizität wett.

SIGHTSEEING

FÁBRICA DE GUAYABITA

Nach alten Rezepten wird hier aus der Guayaba-Frucht ein köstlicher Likör fabriziert und natürlich auch verkauft. *C/ Isabel Rubio 189 | Tel. 48 75 29 66 | Mo–Fr 9–15.30 Uhr | Führung 25 CUP | ⏲ 20 Min.*

FÁBRICA DE TABACOS FRANCISCO DONATIÉN

Wenn du mal *tabaqueros* bei der Arbeit zuschauen willst – während der Führung in dieser Zigarrenfabrik ist das möglich; im Laden *(auch Sa 8.30–13 Uhr geöffnet)* kannst du Zigarren u. a. von Robaina, dem berühmtesten kubanischen Familienbetrieb, kaufen. *Mo–Fr 9–13.30 Uhr | Führung 125 CUP | C/ Maceo 157 | ⏲ 20 Min.*

PALACIO GUASH (MUSEO DE CIENCIAS NATURALES)

Mit dem kuriosen Stilmix des Palasts, in dem heute ein Naturkundemuseum untergebracht ist, verewigte sich 1909 als Bauherr der Arzt Francisco Guash Ferrer. Drinnen freuen sich vor allem Kinder über die haushohen Modelle eines Tyrannosaurus Rex und eines Stegosaurus; dazu sind Muscheln, Schnecken und Versteinerungen aus der Region ausgestellt. *Mo-Sa 9–16.45, So 9–13 Uhr | Eintritt 50 CUP | C/ Martí 202 | ⏲ 20 Min.*

ESSEN & TRINKEN

EL MESÓN

Der 2005 eröffnete Paladar hat eine tolle Karriere gemacht: Er ist heute erweitert und immer noch die beste Adresse für kubanische Küche. *Tgl. 11.30–23.30 Uhr | C/ Martí 205, zw. Pinares und Pacheco | Tel. 53 51 85 22 | €*

RESTAURANT CABARET RUMAYOR

Je nach Wochentag ist es hier urgemütlich und ruhig, oder es steppt – mit Showprogramm und Tanz – der Bär. Spezialität ist geräuchertes Brathähnchen. *Mo, Mi 12–21.30, Do-So ab 21 Uhr | Ctra. Viñales, km 1 | Tel. 48 76 30 51 | €-€€*

RUND UM PINAR DEL RÍO

1 SAN DIEGO DE LOS BAÑOS

56 km/¾ Std. von Pinar (Auto)

Der einzige Ort auf Kuba, in dem heiße Quellen sprudeln, liegt abgeschieden im Gebirge und am Rande des Nationalparks La Güira. Mit etwas Glück (weil leider sehr unregelmäßig geöffnet) kannst du die Heilkraft des 30–40 Grad warmen Wassers im renovierten *Balneario* selbst testen. Ein schöner Ausflug führt zur *Cueva de los Portales*, Che Guevaras Kommandantur während der Kuba-Krise. *C2*

2 SOROA

87 km/1 Std. von Pinar (Auto)

Auf der Weiterfahrt nach Las Terrazas liegt das kleine Soroa mit einem herrlichen *Orchideengarten (tgl. 9–16.30 Uhr | Eintritt 75 CUP)* am Weg. Dezember bis März wachsen und blühen hier über 700 Arten *(Führung 40 Min.)*. Ein beliebtes Badeziel ist der 22 m hohe Wasserfall *El Salto (tgl. 8–17 Uhr | Eintritt 75 CUP)*. Der mühsame Weg zum *Mirador de Venus* lohnt vor allem für Hobbyfotografen, die oben ein phantastisches Panorama erwartet. *D2*

3 LAS TERRAZAS

114 km/1 Std. 20 Min. von Pinar (Auto)

Achtung: Der kleine Wegweiser nach Las Terrazas ist leicht zu übersehen! Er führt zunächst zum Infozentrum *Puerta de las Delicias*, wo sich nach Zahlung von 50 CUP die Schranke zum Biosphärengebiet der Sierra del Rosario hebt. Weiter geradeaus kommst du zum Ökotourismuskomplex *Las Terrazas*, der sich malerisch um einen von Bergen gerahmten See ausbreitet. Eine tolle Kulisse für die hier angebotene Canopy-Rutschpartie *(350 CUP | lasterrazas.cu)*! *C-D2*

4 MARÍA LA GORDA

140 km/3 Std. von Pinar (Auto)

Die Fahrt lohnt mehrfach: Zu Beginn kommst du in das beste Tabakanbau-

Moderne Kunst und altes Ackergerät am Kalkberg: Mural de la Prehistoria

gebiet der Welt, die *Vuelta Abajo* (im Dreieck zwischen Pinar, San Juan y Martínez und San Luis), wo auch die Tabakbauernfamilie Robaina (seit 1845) ihre Pflanzungen hat. Und wenn du auf der Weiterfahrt glaubst, am Ende der Welt angelangt zu sein, bist du auf der Halbinsel Guanahacabibes mit ihrem gleichnamigen Biosphärenreservat rund um die Bahía de Corrientes gelandet.

INSIDER-TIPP
Köhler bei der Arbeit

Hier dampfen an den Straßenrändern große Kohlenmeiler, in denen noch wie vor hundert Jahren Holzkohle hergestellt wird. Rechts geht's zur einsamen *Playa las Tumbas* und links weiter zum schönen Strand von *María la Gorda,* das vor allem aber für seine guten Tauchspots berühmt ist *(@cibmarialagorda).* Einen Tagesausflug von Pinar del Río (oder Viñales) nach María la Gorda kannst du auch mit dem Bus unternehmen (Infos: Cubatur). *B3:*

VALLE DE VIÑALES

(B-C2) **Das grandiose Bild dieses Tals (21 600 ha) im grünen Westen Kubas wird dir lange im Gedächtnis bleiben!**

Aus flacher, roter Erde erheben sich im zauberhaften Valle de Viñales die Reste gigantischer, grün überzogener Kalkstöcke: die berühmten ★ Mogotes. Ein paradiesisches Fleckchen Erde zum Wandern, Radeln und Reiten, in dem du Traveller aus der ganzen Welt triffst. *@vinales.experience_cuba*

SIGHTSEEING

MUSEO MUNICIPAL

Wo die Büste der Widerstandkämpferin Adela Azcuy steht, bist du richtig! Ihr ehemaliges Haus wurde Heimatmuseum, Info- und Buchungszentrum für Ausflüge zugleich. Der Hit im Museum ist eine lustige, kleine Höhlennachbildung. Im Hof kümmert außerdem eine der letzten, ursprünglich im Tal heimischen Korkeichen als Topfpflanze vor sich hin. *Di–Sa 9–22, So 9–13 Uhr | Eintritt 1 US $/Euro | C/ Salvador Cisneros 115 | 10 Min.*

CUEVA DEL INDIO

So unscheinbar die „Höhle des Indianers" von außen wirkt, so abenteuerlich ist sie innen! Oder hättest du gedacht, dass sie von einem Fluss, dem Río San Vicente, durchflossen wird, auf dem du mit einem Boot fahren kannst? Gegen Einbruch der Dunkelheit wartet am Höhlenausgang beim *Rancho campestre* auch noch ein tolles Naturschauspiel: Zu Tausenden schwärmen hier jeden Abend kleine Fledermäuse hinaus in die Nacht. *Tgl. 9–17.30 Uhr | Eintritt 150 CUP | ¼ Std.*

INSIDER-TIPP
Ausflug der Vampire

EL PALENQUE DE LOS CIMARRONES

Diese Höhle einst war für geflohene Sklaven *(cimarrones)* wie geschaffen: Denn im Innern des gähnend großen Höhlenschlunds (heute lockt hier eine Bar mit Samstagsdisko) windet sich ein schmaler Gang in ein ziemlich geniales Versteck. Eingerichtet wurde da das folkloristische Restaurant *El Palenque de los Cimarrones (€). Disko-Eintritt 250 CUP | Ctra. a Puerto Esperanza, km 36 | 10 Min.*

MURAL DE LA PREHISTORIA

Mit etwas Phantasie fühlt du dich vor der „Prähistorischen Wand" wie auf dem Grund eines Urmeeres. Angefertigt hat das Felsengemälde 1961 der mexikanische Künstler Leovigildo González auf der Wand des Mogote *Dos Hermanos (tgl. 8.30–18 Uhr | 50 CUP).* Das Restaurant *Mural de la Prehistoria (tgl. | €€)* serviert Schweinebraten mit *arroz moro* (schwarzem Reis). *Ctra. al Moncada, km 1 | 15 Min.*

ESSEN & TRINKEN

BALCÓN DEL VALLE

Kreativ: In die Baumkronen, die über den Hang ragen, bauten die kubanischen Gastgeber Plattformen für Tische und Stühle. Jetzt speist du hier zwischen Ästen wie auf einem Adlerhorst und hast dazu das ganze Tal der Mogotes im Blick. Es gibt ein Tagesgericht für 260 CUP. *Tgl. 8–22 Uhr | Ctra. a Viñales, km 23, 120 m westlich vom Centro de Información | €*

INSIDER-TIPP
Im Baum tafeln

CASA DE DON TOMÁS

Das schöne alte Haus (das älteste im Ort!) leidet unter Gästeschwund – etwa weil es staatlich ist? Dabei sitzt man nirgendwo schöner. Und die kubanischen Spezialitäten sind auch lecker. Unbedingt den Hauscocktail Trapiche probieren! *Tgl. 10–22 Uhr | C/ Salvador Cisneros 140 | Tel. 48 79 63 00 | €€*

CUBAR

Klasse Lokal mit Bar und Grill, der Service ist schnell und professionell. Wenn du Pizza magst, die schmeckt hier besonders gut! *Tgl. 9–2 Uhr | C/ Salvador Cisneros 55 | Tel. 53 64 27 91 | @barrestaurantecubar | €–€€*

LA ESQUINITA

Prima: Die zivilen Preise für Hühnchenspieße oder andere schnelle Gerichte kannst du schon an den Aufstellern vor dem Lokal studieren. Und auf Bedienung musst du hier auch nie lange warten. *Tgl. 11.30–22 Uhr | Rafael Trejo 18 | €*

SPORT & SPASS

CENTRO DE VISITANTES

Neben erdgeschichtlichen Infos zur Region bekommt man hier vor allem auch Führer für Wanderungen oder für Exkursionen zu Pferd *(4 Std. 25 US $/Euro)* durch den Nationalpark vermittelt. *Tgl. 8–18 Uhr | Ctra. a Pinar del Río, km 22*

ZIPLINE/CANOPY

Los geht's am *Loma de Fortín* in Moncada (5 km von Viñales) und dann 1100 m weit und 35 m hoch über acht Plattformen und einen Mirador ab durch die Mitte auf Baumwipfelhöhe. Am Kiosk gegenüber gibt's knusprige selbst gemachte *pizza al carbón* (Holzkohlepizza) und frischen *guarapo* (Zuckerrohrsaft). *Tgl. 8–16 Uhr | 10 US $/Euro | Ctra. a Moncada, Haltestelle der Viñales-Hop-on-Hop-off-Bustour*

INSIDER-TIPP
Kleine Stärkung

RUND UM DAS VALLE DE VIÑALES

5 CUEVA DE SANTO TOMÁS

18 km/30 Min. von Viñales (Auto)

Nichts für Ungeübte: Schon der etwa zehnminütige steile Aufstieg zum Eingang der Höhle hat es in sich. Und für die rund 1½ Std. lange Erkundung der unbeleuchteten Höhle, die mit ihren 46 km langen Gängen zu den größten ihrer Art in Mittelamerika gehört, solltest du trittsicher und einigermaßen gelenkig sein. *Tgl. 8–17 Uhr | Eintritt 10 US $/Euro (inklusive Führer, Schutzhelm und Stirnlampe) | 1 km südlich vom Dorf El Moncada (ausgeschildert)* | B2

6 CAYO JUTÍAS

54 km/1½ Std. (Auto), teilweise schlechte Straße, von Viñales via Santa Lucia über einen Damm

An Wochenenden und Feiertagen ist auf der kleinen Badeinsel regelmäßig der Bär los. Aber wochentags habt ihr Ruhe und das Restaurant *(tgl. 9–19 Uhr | €)*, die Strandhütten und die Schnorchelausrüstung fast für euch allein. Anfahrt mit dem Sammeltaxi ca. 500 CUP. B2

7 CAYO LEVISA

60 km/1 Std. (Auto), von Viñales über San Cayetano

Das perfekte Hideaway: Nur 3 km lang und 200 m breit, feiner weißer Strand, nur ein Hotel und alles schön weit vom Festland entfernt. Nur per Fähre ab Palma Rubia erreichbar *(Abfahrten Di, Do, Sa 10, zurück 17 Uhr | 40 Euro inkl Mittagsbüfett im Hotel Cayo Levisa | Passkopie nicht vergessen!).* *⊞ C2*

VARADERO

(*⊞ F2*) Mit der herrlichen Gelassenheit eines Profis managt ★ Varadero, der berühmteste Badeort Kubas, den internationalen Tourismus.

Kein Wunder, denn an seinem fast 20 km langen Strand blühte der Fremdenverkehr schon lange vor der Revolution. Hier wurden dann auch in der Spezialperiode die ersten Ferienresorts erbaut. Heute sind es über sechzig, doch im alten Zentrum des Ortes geht es noch dörflich zu.

SIGHTSEEING

IGLESIA ELVIRA

Sollte die Tür verschlossen sein: Geh mal um das Kirchlein herum und schau durch die meist weit geöffneten Fenster ins schmucke Innere der über 120 jährigen Gotteshäuschens. Es stammt noch aus der Zeit, als Varadero ein Salinen- und Fischerdorf war. *1ra Av., Calle 47 | ⏲ 10 Min.*

PARQUE JOSONE

Auf den schattigen Spazierwegen um den künstlichen See im Park kannst du den Ferientrubel hinter dir lassen. Das feudale Anwesen gehörte früher dem Rumbaron José Fermín Iturróz aus Cárdenas und seiner Frau Onelia (in „Josone" stecken die jeweils ersten drei Buchstaben ihrer Vornamen)! Im schummrigen kleinen Restaurant *La Gruta del Vino (Mo–Sa 14.30–22.30 Uhr | €€)* sind Hummer und Shrimps immer superlecker und zart zubereitet. *Tgl. 9–ca. 24 Uhr | 1a Av., zw. C/ 56 und 59 | 1 Std.*

INSIDER-TIPP
Hummerbude

RESERVA ECOLÓGICA VARAHICACOS

Schöne Wanderwege (ideal zum Joggen!) durchziehen das Naturreservat, den ca. 450 ha großen Rest einstmals ursprünglicher Wildnis im Osten der Halbinsel Hicaco. Einer der Wege bringt dich zu *El Patriarca*, einem angeblich schon 500 Jahre alten und schon ziemlich mitgenommenen Kaktus. Am Rand des Parks liegt die *Cueva de Ambrosia*, eine Höhle mit Kultzeichen aus präkolumbischer Zeit und von geflüchteten Sklaven. *Eingang mit Centro Visitantes an der Autopista Sur | Eintritt 5 US $ | 2 Std.*

ESSEN & TRINKEN

LA CASA DE AL

Erkennungszeichen Gangsterauto! Im ehemaligen Strandhaus von Mafiaboss Al Capone erschrecken die Preise zunächst viel mehr als die zum Teil blutrünstigen Namen der Speisen. Immer lohnend: das T-Bone-Steak und der Sunset-Cocktail auf der Terrasse – häufig mit Pelikanen in Sichtweite. *Tgl. 10–22 Uhr | Av. Kawama | Tel. 45 66 80 18 | acasadeal.com | €€–€€€*

BAR MIRADOR CASA BLANCA

Im OG der ehemaligen Strandvilla von US-Milliardär DuPont kannst du einen

Der Parque Josone lädt ein: Tretboot fahren oder beim Kaltgetränk auf der Terrasse sitzen

tollen Blick zu guten Cocktails genießen! *Tgl. 10–23 Uhr | Av. Las Américas | Mansión Xanadú | Tel. 45 61 34 81 | €€–€€€ (nur mit Kreditkarte)*

SALSA SUÁREZ

Paladar mit kleinem Vorgarten, in dem man formvollendet mit köstlichen und günstigen Gerichten wie *Eperlán* (frittierte Bällchen von Pargofisch) verwöhnt wird. *Mi–Mo 16–22 Uhr | C/ 31 103, zw. 1ra und 3ra Av. | Tel. 45 52 82 10 33 | @salsasuarez | €–€€*

VERNISSAGE

Für Nachtschwärmer! Das rund um die Uhr geöffnete kleine Restaurant hat sich mit freundlichem Service, gutem Frühstück, günstigen Speisen und tollen Mojitos eine Fangemeinde erobert. *Calle 36, Av. 1ra | Tel. 45 66 92 79 | @vernissage36 | €–€€*

WACO'S CLUB

Benannt nach dem kubanischen Olympioniken Roberto Ojeda „Waco", der als Steuermann im Ruder-Doppelzweier 1992 in Barcelona auf den 5. Platz kam, würde das private Restaurant wohl Gold erhalten – so beliebt ist es. Supergute Küche! *Tgl. 12–22.30 Uhr | Av. 3ra 212, zw. C/ 58 und 59 | Tel. 45 61 21 26 | €–€€*

SHOPPEN

EINKAUFSZENTREN

Gegenüber vom Parque Central mit dem Denkmal des Nationaldichters José Martí liegt das *Centro Comercial Hicaco (Av. 1ra, zw. C/ 44 und 46)*. Mehr Auswahl, u.a. auch Markenboutiquen, findest du im *Plaza Américas (Autopista Sur, km 11)*.

GALERIA SPACIO 34

Ein kleines Kunstwerk für zu Hause? In dieser Galerie findest du bestimmt was Hübsches oder Originelles, das gut in den Koffer passt und nicht zu teuer ist. *Av. 1ra, zw. 34 und 35*

SOUVENIRMÄRKTE

Strohhüte, T-Shirts mit Kuba-Motiven, Schmuck und noch vieles mehr. Lass dich von den Souvenirmärkten an der Av. 1ra/Ecke C/ 15, Ecke C/ 46, Ecke C/ 47 oder Ecke C/ 54 einfach überraschen!

TALLER DE CERÁMICAS ARTISTAS

Keramik direkt vom Künstler! Oft sieht man sie abends noch in der erleuchteten Werkstatt werkeln. Gleich daneben die mit Nippes und Kunst gefüllte

Galería de Arte. Tgl. 9–16 Uhr | Av. 1a, C/ 64

SPORT & SPASS

JEEP- & BOOTSFAHRTEN

Ein abwechslungsreicher Tagesausflug, den du am besten als organisierten Gruppenausflug in deinem Hotel oder bei *Cubatur (Av. 1ra, C/ 33)* buchst, weil dann jede Station gleich auf die Gäste vorbereitet ist, ist die Tour zur nahe dem Flughafen gelegenen Höhle *Cueva Saturno* (mit Bademöglichkeit) und anschließender Bootsfahrt auf dem Río Canímar bei Matanzas (mit Lunch und der Möglichkeit zu reiten).

Inselfeeling pur bietet die Bootsfahrt zu den östlich der Halbinselspitze von Varadero gelegenen Inseln der Cayería del Norte wie der Cayo Blanco, mit Schnorchelstopp und Büfett *(70 US $/ Euro)*. Mehr Infos in den Hotels oder bei *@marlin_marina_varadero*.

TANZEN

Bist du noch nicht fit für eine heiße kubanische Tanznacht? In der *abc academia baile en cuba (Av. 1ra, C/ 34 | tgl. 10, 13.30 und 16.30 Uhr | Tel. 45 61 26 23 | varaderoguide.net/abcacademiabaileencuba.html)* kannst du Salsa, Rumba, Mambo, Danzón und Cha-Cha-Cha erlernen oder deine Technik verfeinern.

TAUCHEN

Gute Tauchlehrer, attraktive Spots (bis zur Playa Girón im Süden): Im *Centro Internacional de Buceo o Barracuda (Calle 3, Av. 1ra | Tel. 45 66 70 72 | @barracudacuba, @marlin_marina_varadero)* wirst du auch als Anfänger gut betreut.

STRÄNDE

Nie überlaufen ist der öffentliche Teil der Playa Varadero bis weit über die Calle 60 hinaus. An den Übergängen gibt es meist Strandbars und Toiletten, direkt am Strand Anbieter von Schnorchelausflügen mit dem Boot *(Dauer 1 Std. und 20 Min., 20 US $/ Euro inkl. Ausrüstung)*. Weiter östlich allerdings, wo sich die All-Inclusive-Hotels häufen, bist du nur als Strandwanderer geduldet.

INSIDER-TIPP **Wasserspaß**

Auf der Höhe von Calle 30 findest du im Meer einen Wasserpark mit aufblasbaren Rutschen und Klettergerüsten *(tgl. 10–17 Uhr | 40 Min. 5, Kinder (8–12 Jahre) 2,50 US $/ Euro)*.

AUSGEHEN & FEIERN

LA BAMBA

Salsa, Pop oder Rock – der DJ dieser schon fast legendären Hoteldisko weiß, was die Leute auf die Tanzfläche lockt. *Tgl. ab 23 Uhr | Eintritt 10 US $/ Euro | im Hotel Tuxpan*

BAR CALLE 62

Fetzige Livemusik, gute Cocktails, leichte Speisen und vor allem die prominente Ecklage (People Watching!) in Varaderos kleinem Amüsierviertel haben dieses Lokal zum Touristen-Treffpunkt Nr. 1 gemacht. *Tgl. 8–2 Uhr | Av. 1ra, C/ 62*

Am weitläufigen Strand von Varadero ist immer was los

THE BEATLES

Vor allem, wenn auf der Freiluftbühne des Lokals live gerockt wird, ist der Laden immer proppevoll. Ein Selfie mit den lebensgroßen Pilzköpfen aus Bronze am Eingang rundet den Spaß dann ab! *Av. 1ra, C/ 59 | Eintritt frei*

EL BOLERAZO

Jazzfans aufgepasst: Immer dienstags ab 23 Uhr stehen in diesem Kulturzentrum Jazz-Livekonzerte auf dem Programm. Gute Cocktailauswahl! *Calle 62, Av.3ra*

CASA DE MÚSICA

Für Musikliebhaber der Magnet im Ort! Unbedingt rechtzeitig anstellen, der Andrang bei Konzerten ist immer groß! *Mo–Sa 23–3, So 18–21.30 Uhr | Eintritt je nach Veranstaltung | Av. Playa, C/ 42*

RUND UM VARADERO

8 MATANZAS

32 km/½ Std. von Varadero (Auto) über die Calle 23

Die Stadt mit der schönsten Bucht ist Provinzmetropole (140 000 Ew.) und stolz auf ihre frühere kulturelle Bedeutung, weshalb sie sich auch gern das „Athen Kubas" nennt. Das 1863 erbaute *Teatro Sauto* an der Plaza Vigía und der benachbarte *Palacio del Junco,* der heute das riesige und geschichtlich sehr aufschlussreiche *Museo Histórico Provincial (Di–Sa 9–17, So 9–12 Uhr | Eintritt 50 CUP | C/ Milanés, zw. 272 und 274 | ⏲ 2 Std.)* beherbergt, spiegeln auch hier die Glanzzeiten als Zuckerhafen wider. Im

Kampfflieger im Museo de la Intervención in der Schweinebucht

INSIDER-TIPP
Gruseliges Fundstück

Museum kannst du u.a. eine 130 Jahre alte Mumie bewundern. Die gut erhaltene alte Apotheke Triolet, heute *Museo Farmacéutico (Mo–Sa 9–18, So 10–14 Uhr | Eintritt 75 CUP | ¼ Std.)*, liegt ein paar Schritte weiter in der Calle 83, Nr. 4951. Die größte Attraktion aber findest du hinter der Stadt im Untergrund: die *Cuevas de Bellamar*. Auf der abenteuerlichen *Tour de la Esponja* kannst du mit Leuchte am Helm in ortskundiger Begleitung dunkle Höhlenteile erkunden *(tgl. 9–17 Uhr | Eintritt 5 bzw. 10 US$/Euro mit Fotoerlaubnis | Ctra. a la Cuevas)*. E–F2

9 CÁRDENAS

15 km/20 Min. von Varadero (Auto) über die Calle 23

Krasser kann der Kontrast kaum sein: Der südöstlich von Varadero gelegenen Stadt (100 000 Ew.) siehst du ihre Vergangenheit als stolze Zuckermetropole mit der ersten elektrischen Beleuchtung und ersten Straßenbahn Kubas heute nicht mehr an. Eine Ahnung von den vergangenen Glanzzeiten vermittelt das *Museo Oscar María de Rojas (Di–Sa 10–18, So 9–12 Uhr | Führung 125 CUP | Plaza San José | Echeverría)*. Hier warten 13 Säle, aber es wäre schade, darüber die wunderschöne barocke Bestattungskutsche gleich neben dem Eingang zu übersehen! F2

10 CIÉNAGA DE ZAPATA ★

120 km/2 Std. von Varadero (Auto)

Achtung, bitte Mückenschutzmittel nicht vergessen – du kommst ins größte Sumpfgebiet der Karibik! Das Tor zu diesem ökologisch unschätzbar wertvollen Gebiet ist *La Boca* an der *Laguna del Tesoro:* ein inzwischen sehr touristischer Rummelplatz mit Restaurants, Souvenirläden und einer Krokodilaufzuchtstation *(tgl. 9–18 Uhr | Eintritt 250 CUP)*, wo ihr den großen Echsen schön schaurig nahe kommen könnt. Hier starten auch die Schnellboote in den Sumpf nach *Guamá*, einem nachgebauten Ureinwohnerdorf mit Pfahlbauten *(300 CUP). Bei Ecotour (Varadero | Av. 1ra)* buchen. *@cienaga_de_zapata* | *E-F3*

11 GIRÓN/BAHÍA DE COCHINAS

150 km/2½ Std. von Varadero (Auto)

Tief im Süden der Provinz Matanzas schneidet die berühmte *Bahía de Cochinas* (Schweinebucht) tief ins Land, flankiert von der wilden *Playa Girón* mit dem Dorf Girón. Hier landeten 1961 von Exilkubanern angeheuerte Söldner, um Kuba vom Kommunismus zu befreien. Die gescheiterte Invasion, die weltpolitisch damals zu einer schweren Krise („Kuba-Krise") führte, ist anhand zahlreicher Fotos im *Museo de la Intervención (tgl. 9–17 Uhr | Eintritt 100 CUP | ½ Std.)* dokumentiert.

INSIDER-TIPP Naturpools zum Baden

Kristallklar ist das Wasser in den Felsbecken der nahen *Caleta Buena (tgl. 10–17 Uhr | 15 US $/Euro inkl. Getränke und Essen)*, 8 km östlich von Playa Girón – ein wunderbarer Ort zum Schwimmen und Schnorcheln und Entspannen! *F3*

12 CAYO LARGO ★

¾ Std. mit dem Flugzeug von Varadero

Die Ferieninsel kann man von Varadero aus während eines Tagesausflugs kennenlernen, wenn sich genügend Teilnehmer für einen Charterflug finden. Genauso gut kannst du auf der nur 38 km² kleinen Insel aber auch gleich einen ganzen Urlaub verbringen, vielleicht eure Flitterwochen? Der Rahmen könnte nicht schöner sein: Das karibische Meer ist allgegenwärtig, der Strand so weiß und so lang wie die ganze Insel (25 km), die Sandbank *Playa Sirena* eine einzige Sonnenbank. Als Ausflugsziele stehen eine von Biologen betriebene Meeresschildkrötenfarm *(tgl. 9–18 Uhr | Eintritt 50 CUP)*, die Leguaninsel *Cayo Iguana*, die Schnorchelparadiese von *Cayo Rico* und die Seevogelkolonie *Cayo Pájaro* zur Auswahl. *@cayolargocuba* | *E-F4*

SCHÖNER SCHLAFEN IM WESTEN

ABENTEUER PUR

Hast du schon einmal in Pfahlbauten auf einem See in der Wildnis geschlafen? Wie abenteuerlich sich das anfühlt, kannst du in einem der Pfahlhäuser des Hotels *Villa Guamá* auf der Laguna del Tesoro erfahren – Anfahrt mit dem Boot inklusive (bei der Buchung darauf achten)! Schutz gegen Moskitos und Taschenlampe mitnehmen und nicht zuviel Komfort erwarten, aber unbedingt die Bootstour zum Sonnenaufgang buchen – ein Traum! *44 Zi. (je 4 in einem Pfahlhaus, 2 unten/2 oben), Laguna del Tesoro | Peninsula de Zapata | Tel. 4 59 15 55 | hotelescubanacan.com | €€*

DIE MITTE

CAYOS UND KOLONIALES

Das Herz Kubas liegt wie ein Puffer zwischen dem kosmopolitischen Havanna im Westen und dem karibischen Santiago im Osten: ruhig und ländlich, durchzogen von der Carretera Central, die gleich zu Anfang zu Abstechern in das charmante Cienfuegos und das koloniale Trinidad einlädt.

Danach fädelt sie eine Stadt nach der anderen auf: erst die turbulente Universitätsstadt Santa Clara, in der Che Guevara der Revolution zum Sieg verhalf, dann das untouristische Ciego de Ávila und

Karibischer Traumstrand: Playa Ancón bei Trinidad

schließlich Camagüey, Kubas Kulturmetropole. Und über die ganze Länge erstreckt sich an der Nordküste ein unbewohntes Archipel voller Riffe, Inseln und Strände – ein Urlaubsparadies! Die Cayos Santa María und die Jardines del Rey wurden zu All-inclusive-Arealen ausgebaut, die man aber auch als Nicht-Gast besuchen kann. Und das sogar mit dem Mietwagen, denn lange Dämme verbinden sie mit dem Festland. Schlusslicht der Inselkette ist Cayo Sabinal nördlich von Playa Santa Lucía, aber dafür brauchst du ein Boot!

DIE MITTE

OCÉANO A

240 km, 4 Std.

Rancho Veloz

Sagua la Grande

Quemado de Güines

Calabazar de Sagua

9 Cayo Santa Ma

Cayo Las Brujas 8

Pedraplén ★

Museo Memorial del Ernesto Che Guevara ★

Caibarién

Remedios 7

Cartagena

Esperanza

Santa Clara S. 85

Placetas

Yaguajay

Cruces

Mayajigua

Palacio de Valle ★

A1

Fa

Cienfuegos S. 80

83 km, 1 Std. 20 Min.

120 km, 2 Std.

1 Jardín Botánico

Cabaiguán

2 Playa Rancho Luna

Taguasco

Gran Parque Natural Topes de Collantes/Escambray-Gebirge 4

Sancti Spíritus 6

Majagua

Jatibonico

5 Valle de los Ingenios

Ciego de Ávil

Trinidad ★ S. 82

Playa Ancón 3

Guasimal

La Sierpe

Venezuel

Mar Caribe

MARCO POLO HIGHLIGHTS

★ **PEDRAPLÉN**
Der Weg ist das Ziel: mit dem Auto übers Meer fahren ➤ S. 86

★ **MUSEO MEMORIAL DEL ERNESTO CHE GUEVARA**
Alle Welt huldigt in Santa Clara dem berühmtesten aller Guerrilleros ➤ S. 86

★ **PALACIO DE VALLE**
Wahnsinnsvilla in Cienfuegos – verrückter Stilmix vom Feinsten ➤ S. 80

★ **TRINIDAD**
Geliebtes romantisches Städtchen – Kubas „Rothenburg" ist ein Besucherhit ➤ S. 82

★ **CAMAGÜEY**
Wie ein Labyrinth gegen Piraten gebaut und heute Unesco-Welterbe ➤ S. 89

Prächtige Kolonialarchitektur zeugt vom einstigen Reichtum: Cienfuegos

CIENFUEGOS

(□ G3) **Schön liegt die „Perle des Südens"(160 000 Ew.) an einer großen Bucht, die schon 1745 durch das Castillo de Jagua geschützt wurde. Dass Cienfuegos einst sehr reich war, siehst du schon am herausgeputzten historischen Zentrum, das 2004 zum Unesco-Welterbe erhoben wurde.**

Das zeigt sich vor allem aber auch an den Villen auf der Halbinsel Punta Gorda und am Boulevard Paseo El Prado, der beide Teile verbindet. 1819 gegründet, stieg die Stadt ab Mitte des 19. Jhs. durch den Anschluss an das kubanische Bahnnetz zum wichtigsten Zuckerhafen des Südens auf. Eine Prise französisches Flair brachten Siedler aus der Kolonie Louisiana (heute USA) mit. *@cienfuegoscfgos*

SIGHTSEEING

PARQUE MARTÍ

Das zum Unesco-Welterbe erklärte historische Zentrum am Parque Martí glänzt herausgeputzt wie ein Empfangsraum: mit Musikpavillon, dem klassizistischen *Teatro Tomás Terry* (1890), dem *Palacio Ferrer* (mit Aussichtsturm), dem *Museo Provincial* (Stadtgeschichte, *Di–Sa 10–18, So 9–12 Uhr | Eintritt 50 CUP*) von 1893 und der *Kathedrale* (19. Jh.).

PALACIO DE VALLE ★

Siehst du die Zinnen und die hohen Fenster? Mit diesem Palast, in dem sich Gotik, napoleonische Neoklassik und maurische Elemente mischen, ließ sich der Zuckerbaron Acisclo del Valle Blanco 1917 ein stilitisch völlig verrücktes Denkmal setzen. Grandioser Blick von der Dachterrasse *(Bar*

Mirador tgl. 10–23 Uhr). Achtung: Das Restaurant im Erdgeschoss ist reichlich überteuert *(tgl. 10–23 Uhr | €€-€€€)!* 1 Std.

CASTILLO DE JAGUA

Schon die Fährfahrt dorthin *(Abfahrten 8 und 13 Uhr | 25 CUP)* ist ein Erlebnis! Sei aber ca. 40 Min. vorher an der *Muelle de la Patana*, das Boot ist immer schnell voll! In ca. 50 Min. hat es die restaurierte Festung *(Eintritt 125 CUP)* erreicht, die seit dem 16. Jh. den schmalen Zugang zur Bucht bewacht und jetzt wieder eine funktionierende Zugbrücke besitzt. Im Restaurant *Pescador (Tel. 52 47 32 89 | €€)* an der Anlegestelle genießt ihr lecker zubereitete Meeresfrüchte. *3 Std.*

INSIDER-TIPP
Fisch & Konsorten

ESSEN & TRINKEN

FINCA DEL MAR

Vom Hobbykoch zum Inhaber des abgehobensten Restaurants am Platz: Der kreative Omar bietet sogar eine eigene Weinmarke an. *Tgl. 12–24 Uhr | C/ 35, zw. C/ 18 und 20 | Punta Gorda | Tel. 43 52 65 98 | €€-€€€*

EL MARINERO

Erinnert dich der weiße Prachtbau des *Club Cienfuegos* nicht auch ein wenig an Nizza? Der grandiose Blick auf die Bucht vom Terrassenrestaurant im Erdgeschoss verdoppelt den Genuss der raffiniert zubereiten Gerichte (internationale Küche). Im *Café Cienfuegos* ein Stockwerk höher gibt's abends manchmal Livemusik. *Tgl. 18–23.30 Uhr | C/ 37, zw. C/ 8 und 12 | Punta Gorda | Tel. 43 66 14 66 | €€-€€€*

40 & 41

Supergute Restaurant-Neueröffung, Markenzeichen: aufmerksamer Service, exzellente Küche. Hier ist jedes Gedeck sein Geld wert, besonders gut: das Risotto di Mare. *Av. 40 Nr. 3921, zw. 39 und 41 | Tel. 53 64 32 05 | @cuarenty41 | €-€€*

AUSGEHEN & FEIERN

CLUB EL BENNY

Supersound bei Diskomusik und Liveauftritten von Bands. Manchmal wird auch Cabaret geboten (Aushänge prüfen!). *Av. 54 | Fußgängerzone, zw. C/ 29 und 31 | Tel. 43 55 11 05 | Di–So 23–3 Uhr | Eintritt ab 250 CUP*

RUND UM CIENFUEGOS

1 JARDÍN BOTÁNICO

17 km/25 Min. von Cienfuegos (Auto)

Exotische Vielfalt und Pflanzenpracht: 300 Palmen-, 20 Bambus-, insgesamt rund 2000 Pflanzenarten sind in dem 1901 von dem US-amerikanischen Zuckerbaron Edwin F. Atkins in Kooperation mit der University of Harvard gegründeten botanischen Garten zu sehen. Restaurant und Cafeteria. *Tgl. 8–16.30 Uhr | Eintritt 75 CUP | Ctra. a Trinidad Central Pepito Tey | 1½ Std. | G3*

2 PLAYA RANCHO LUNA

20 km/20 Min. von Cienfuegos (Auto)

Die schöne breite Strandbucht an der Carretera Pasacaballo müsst ihr euch zwar mit den Gästen von drei angrenzenden Hotels teilen, aber es ist Platz genug für alle. *G3*

TRINIDAD

(H4) **Steile Kopfsteinpflastergassen, hohe Holztüren und „Flüstergitter", niedrige Ziegeldächer, barocke Kirchtürme und prunkvolle Paläste: Alles in ★ Trinidad (50 000 Ew.) ist so geblieben wie vor Jahrhunderten – als wäre die einst wohlhabende Zuckerstadt verwunschen.**

Vielleicht aber auch verflucht – von den Sklaven, die sie einst so reich machten? 1989 von der Unesco zum Weltkulturerbe erklärt, wird die märchenhaft kulissenhafte Stadt heute von ihren vielen Restaurants und Bars sowie von Besuchern aus aller Welt belebt. Nur im benachbarten *Valle de los Ingenios,* wo die Sklaven noch bis 1886 schufteten, herrscht meist andächtige Ruhe.

SIGHTSEEING

PLAZA MAYOR

Ein paar Königspalmen verleihen dem kleinen Platz mit der *Iglesia Parroquial de La Santisima,* dem ehemaligen Palast des superreichen Grafen von Brunet und den umliegenden uralten Kolonialhäusern etwas Majestätisches. Alles ist ein wenig wie im Museum? Dann schau mal in den *Palacio Brunet,* in dem heute das *Museo Romántico (Di, Do 8.30–22, Mi, Fr–So 8.30–17 Uhr | Eintritt 2 US$/Euro | 1 Std.)* untergebracht ist. Beim Anblick des maßlosen Luxus in den Räumen fragt man sich unwillkürlich, was der gute Mann wohl zu kompensieren hatte ...

MUSEO MUNICIPAL

Fresken und Stuck in den Wohnräumen, eine offene Küche im Patio und vom Turm (früher mit einer Warnglocke für Sklavenrebellionen versehen) ein toller Panoramablick über die Dächer der Stadt! Im Haus des Zuckerbarons Cantero, heute Stadtmuseum, kannst du sehen, wie feudal die Herrschaften damals so lebten. *Tgl. 9–17 Uhr | Eintritt 120 CUP | C/ Simón Bolívar 423 | 1 Std.*

ESSEN & TRINKEN

MUÑOZ TAPAS

Das Restaurant liegt luftig auf einer schönen Dachterrasse, du hast freies Wlan und die Tapasauswahl ist auch nicht von schlechten Eltern. *Tgl. 12.30–23.30 Uhr | C/ Gutiérrez (alias Antonio Maceo), 476 | Tel. 52 95 36 40 | €€*

OBBATALÁ

Probier doch mal das kubanische Nationalgericht *ropa vieja,* das ist hier besonders gut! Auch dieses Restaurant liegt auf einer Terrasse, mit Blick in die Gassen von Trinidad und abends auf die untergehende Sonne. Zum romantischen Ambiente gibt's gute Cocktails. *Tgl. 11–23 Uhr | C/ Cristo 12 | Tel. 53 13 13 71 | €-€€*

QUINCE CATORCE

Dinieren in einem Privatmuseum und das vorzüglich: Hier hat eine Familie ihren Besitz seit 1514 (span. quince = 15, catorce = 14) bewahrt und teilt alten Glanz nun mit ihren Gästen. *Tgl. 11–23 Uhr | C/ Simón Bolívar (alias Desengaño) 515 | Tel. 41 99 42 55 | €€-€€€*

SAPORI ITALIANI

Etwas abseits des Stadtzentrums gelegen, aber wer's italienisch mag: Inhaber Bruno (spricht auch Deutsch!) und sein Team versorgen dich in diesem Gartenlokal mit Pasta, Pizza & Co; auch vegetarische Gerichte. *Di–So 8–23 Uhr | C/ Santo Domingo 28 | Tel. 55 92 97 26 | €€*

SHOPPEN

LA CASA DEL ALFARERO

Traditionsreiche Keramikwerkstatt. Schön: die in Santería-Farben bemalten Masken. *Andrés Berro 9 | zw. Av. Santamaría und Julio A. Mella*

AUSGEHEN & FEIERN

INSIDER-TIPP **Treffpunkt Treppe**

Gegen Abend siehst du sie schon, die Musik- und Amüsierhungrigen, wie sie es sich auf der *escalinita* (Treppe) vor der *Casa de la Música* bequem machen, bis das Abendprogramm los-

Einst stolze Metropole des Zuckerbooms: das 500 Jahre alte Trinidad

geht *(C/ Juan Marquez, zw. Bolívar und Jesús Menéndez).* Wenn du dich nicht einreihen willst: Livemusik gibt's fast den ganzen Tag in der nahen *Casa de La Trova (10–1 Uhr)* oder im benachbarten *Palenque de los Congas Reales (10–13 und wieder ab 22 Uhr).*

DISCO AYALA

Hallo Fred und Wilma Feuerstein, ausgehfertig für die Underground Vibes? Wenn du noch nie in einer Höhlendisko getanzt hast, dann erwartet dich hier ein ganz besonderes Erlebnis. *Fr/Sa 23–3 Uhr | Eintritt 350 CUP | Las Cuevas*

LA CANCHÁNCHARA

Urige Einkehr auf den Spuren ehemaliger Befreiungskämpfer, die sich hier vor langer Zeit mit dem gleichnamigen Getränk aus Honig, Rum und Zitronensaft stärkten. *Tgl. rund um die Uhr | C/ Real del Jigue 90*

RUND UM TRINIDAD

3 PLAYA ANCÓN

11 km/¼ Std. von Trindad (Auto)

An dem sehr schönen, 4 km langen, feinsandigen Strand findest du immer ein ruhiges Plätzchen. Mit den Shuttlebussen kannst du ihn zwischen 9 und 18 Uhr für 125 CUP so oft besuchen, wie du willst. *Abfahrten ab Cubatur-Büro | C/ Antonio Maceo, Zerquera |* *H4*

4 GRAN PARQUE NATURAL TOPES DE COLLANTES/ ESCAMBRAY-GEBIRGE

15 km/½ Std. von Trinidad (Auto)

Eine gefühlte Ewigkeit lang schrauben sich die Serpentinen der Straße zum Teil steil von Trinidad hinauf in die Sierra Escambray nach *Topes de Collantes* (800 m) – in eine verwunschene Welt der Wasserfälle, Flüsse, Täler und sanften Höhen, der Zedern, Pinien, Teak-, Magnolien- und Mahagonibäume, der Kolibris und bunten Schmetterlinge. Karten und Wanderführer gibt's im *Infozentrum (tgl. 8–17 Uhr)* vor dem Kurhotel *Escambray.* *H4*

5 VALLE DE LOS INGENIOS

16 km/20 Min. von Trinidad (Auto)

Im Tal der Zuckermühlen schufteten einst die Sklaven unter gnadenloser Bewachung. Davon zeugt noch der 43 m hohe Wachturm von 1816 *(Aufstieg 70 CUP)* in Manaca Iznaga. Gemütlich ist heute die Fahrt mit dem von einer Diesellok gezogenen alten Touristenzug durch die Zuckerrohrfelder *(Abfahrt Trinidad 9 Uhr, 5 Std., 35 US $/Euro).*

In Palmarejo, einem Ortsteil des Valle de los Ingenios (12 km von Manaca Iznaga in Richtung Sancti Spíritus), findest du das verlassene Herrenhaus der *Ingenio Guáimaro.*

INSIDER-TIPP **Für Entdecker**

Es ist zwar kaum restauriert, aber du erkennst noch die schönen Wandmalereien von Daniel Dall'Aglio, der auch das *Teatro Sauto* in Matanzas ausschmückte. Das Haus gehörte der Familie Borell.

6 SANCTI SPÍRITUS

80 km/1½ Std. von Trinidad (Auto)

Die geschichtsträchtige Kolonial- und heutige Provinzhauptstadt Sancti Spíritus (115 000 Ew.) ist angenehm untouristisch. Sie wurde 1514 am Río Tuinucú gegründet und 1520 an den Río Yayabo verlegt, wo Kubas einzige Steinbogenbrücke den Fluss überspannt. An der *Plaza Honorato* steht die schöne Pfarrkirche (1680, Decke im Mudéjarstil). Schräg gegenüber, im *Mesón de la Plaza (Tgl. 9–24 Uhr | C/ Maximo Gómez 34 | Tel. 41 32 85 46 | €–€€)*, kannst du dich stärken. *H3*

SANTA CLARA

(H3) **Die Metropole (240 000 Ew.) der Provinz Villa Clara war Schauplatz von Che Guevaras Sieg über Batistas Soldaten. Kein Wunder, dass dem Guerillero in der Unistadt besonders gehuldigt wird.**

1691 von Bürgern aus dem nahen Remedios gegründet, wuchs Santa Clara schnell zu einem bedeutenden Zentrum der Tabak- und Zuckerwirtschaft heran und erhielt 1873 eine Eisenbahnverbindung mit Havanna. Heute ist die Stadt vor allem auch das Tor zum Urlaubsgebiet der Cayos Villa Clara. *misantaclara.gob.cu*

Hier ist die Verehrung grenzenlos: Che-Guevara-Standbild in Santa Clara

SIGHTSEEING

MONUMENTO A LA TOMA Y ACCIÓN DEL TREN BLINDADO

Ja, die Waggons an der Gedenkstätte sind wirklich die Originalwaggons eines gepanzerten Zuges, den die Rebellen auf Befehl Che Guevaras am 29. Dezember 1958 entgleisen ließen, was die eingeschlossenen Soldaten von Batista zur Aufgabe zwang. Das passende Andenken an Che findest du garantiert im Shop gegenüber. *Di–So 9–13.30 Uhr | Eintritt 1 US $/Euro | Av. de Liberación, C/ Camajuani | 1 Std.*

INSIDER-TIPP **Che-Souvenirs**

MUSEO MEMORIAL DEL ERNESTO CHE GUEVARA ★

Ewig jung und kampfbereit schaut ein 6,80 m großer Che Guevara aus Bronze vom Museum, das 1988 anlässlich des 30. Jahrestags seines Sieg über die Batista-Truppen errichtet wurde, gen Süden. Seit 1997 ruhen hier auch seine aus Bolivien überführten Gebeine. In der Ausstellung sind u. a. sein Abschiedsbrief und der Pass, mit dem er in Bolivien einreiste, zu sehen. *Di–So 9.30–17.30 Uhr | Eintritt frei | Av. de los Defiles, Circunvalación | 1 Std.*

ESSEN & TRINKEN

CASA DEL GOBERNADOR

Keine Schwellenangst: Im schönsten Haus der Fußgängerzone isst du gar nicht so teuer. Die kubanischen Gerichte sind super, die internationalen eher gewollt als gekonnt. *Tgl. 11–22 Uhr | C/ Independencia, Ecke Zayas | Tel. 42 20 22 73 | €–€€*

RUND UM SANTA CLARA

7 REMEDIOS

44 km/50 Min. von Santa Clara (Auto)

Komm am Wochenende! Denn immer sonntags gibt's im schönen kolonialen Zentrum ein Gratis-Blaskonzert. Gegründet 1514 und damit über 500 Jahre alt, ist Remedios eine der ältesten Städte Kubas. Mit der *Catedral Parroquial* (1692) besitzt sie eine der schönsten Kirchen ganz Lateinamerikas; der Altar ist über und über mit Gold verziert. Unbedingt anschauen musst du dir auch das *Museo de las Parrandas (C/ Alejandro del Río 74 | Di–Sa 9–18, So 9–13 Uhr | Eintritt 25 CUP)*; alles dreht sich hier um das berühmte Feuerwerks- und Kostümfest (16./24. Dez.) der Stadt. *H3*

8 CAYO LAS BRUJAS

97 km/1 Std. 40 Min. (Auto) von Santa Clara über Remedios via Caibarién und den Pedraplén; Überfahrt je 20 CUP, Pass nicht vergessen!

Die Überfahrt über den ★ *Pedraplén*, den Damm mitten durchs Meer, ist schon ein Erlebnis für sich! Insgesamt 46 Brücken (bis Cayo Santa María) sorgen auf diesem besonders langen Damm für ungehinderten Wasseraustausch. Biegst du beim kleinen Flughafen links ab, kommst du zur schönen, geschwungenen, weißen Strandbucht der „Hexeninsel". Vor dem Strand ragt auf einem Hügel ein einziges Hotel aus dichtem Grün hervor. Dort zahlt man 15 US $ für den Strandbesuch und kann auch im Hotelrestaurant einkehren. *J2–3*

9 CAYO SANTA MARÍA

117 km/2 Std. von Santa Clara mit dem Auto über Remedios und Cayo Las Brujas (Pedraplén)

Sie liegt am weitesten draußen im Meer und ist die jüngste Enklave für All-inclusive-Hotels. Aber ganz am Ende erwartet dich ein schönes Stück wilder Inselnatur: das *Refugio de Fauna y Flora (tgl. 9–17 Uhr | Eintritt 100*

CUP). Einkehren, shoppen und Geld wechseln kannst du später in den künstlichen Einkaufsdörfern *Pueblo de Estrella* und *Pueblo de las Dunas* zwischen den Hotelarealen. *J3*

JARDINES DEL REY

(J-K 2–3) **Den Namen „Gärten des Königs" soll schon Diego de Velázquez der Inselgruppe gegeben haben. Seit 1993 stehen Cayo Coco (364 km²) und die mit einem Damm angebundene Nachbarinsel Cayo Guillermo (13 km²) ganz im Dienst des All-inclusive-Tourismus.** Dabei blieben ausgedehnte Mangrovenhaine und Strauchwälder mit 360 Pflanzen- und 200 endemischen Tierarten erhalten, darunter auch der weiße Ibis oder Coco, wie die Kubaner ihn nennen (daher kommt der Inselname Cayo Coco).

Normalerweise vergeht keine Fahrt auf dem 17 km langen *pedraplén,* ohne dass man Flamingos zu sehen bekommt – entweder als rote Punkte in der Ferne oder als Schwarm am Himmel. Einen Aussichtsturm findest du unterwegs beim Parador *La Silla.* Egal, ob du die Inseln über den *pedraplén* verlässt oder besuchst – immer sind an der Schranke 20 CUP Gebühr fällig, außerdem musst du deinen Pass (oder eine Kopie) vorzeigen. *@jardinesdelreytravel*

SIGHTSEEING

PARQUE NATURAL EL BAGÁ

Lass dich nicht vom etwas verwahrlosten ursprünglichen Eingang irritieren! Das Wanderwegenetz des 7,6 km² großen urwüchsigen Naturparks durch Wald und zu Mangroven steht Besuchern offen. Guides warten meist

Hier kann man's einigermaßen aushalten: Cayo Guillermo

Schön zum Flanieren: Fußgängerzone in Camagüey

am seitlichen Eingang; Der Preis ist Verhandlungssache. *Ctra. a Cayo Guillermo, km 11 | Cayo Coco | 1 Std. | J3*

ESSEN & TRINKEN

SITIO LA GÜIRA

Ein Ausflug in die Vergangenheit: So lebten die Menschen hier früher – als Köhler in einfachen Hütten, zusammen mit Hühnern und Schweinen. Im Restaurant der rekonstruierten Hofanlage bekommst du deftige, kubanische Speisen. *Ctra. a Cayo Guillermo, km 10 | Cayo Coco | Tel. 33 30 12 08 | €*

STRÄNDE

Von den neun Stränden auf Cayo Coco und den dreien auf Cayo Guillermo ist die *Playa Pilar* (nach Hemingways Schiff „Pilar", mit dem er hier gern kreuzte) auf Cayo Guillermo der schönste. Katamarane bringen dich dort auch hinüber zur *Cayo Media Luna,* wo Diktator Batista einst ein Sommerhaus hatte, oder zu einem spannenden Schnorcheltrip ans Riff. Im Restaurant *(tgl. 9–17 Uhr | Haltestelle der Hop-on-Hop-off-Bustour | €)* bekommst du einfache Speisen wie z. B. Sandwiches.

AUSGEHEN & FEIERN

Du willst mal raus aus dem All-inclusive-Hotel? Dazu lädt auf Cayo Coco ein kleines künstliches Dorf ein, die *Plaza los Flamencos (Ctra. a Cayo Guillermo km 9 ½).* Straßenverkäufer und Läden bieten Souvenirs, Entspannung das Spa *Heiwa (Tel. 33 30 51 42),* und zum Tanzen geht's in den *Blue Moon Nightclub (tgl. 23–3 Uhr | Eintritt 5–15 US $/Euro, je nach Veranstaltung).*

RUND UM JARDINES DEL REY

10 MORÓN

59 km/1 Std. von Cayo Coco (mit dem Auto über den pedraplén)

Umgeben von Zuckerfeldern und Lagunen, liegt der Ort der Inselgruppe am nächsten und ist damit umgekehrt auch ein guter Standort für Ausflüge auf die Inseln. Eine Hahnenskulptur erinnert an die andalusische Herkunft der ersten Siedler. Schönes Bahnhofsgebäude (1923). *J3*

11 CIEGO DE ÁVILA

100 km/1½ Std. (Auto) via Morón

Die nach dem ersten Grundbesitzer Jácome de Ávila benannte Provinzmetropole (150 000 Ew.) wurde mit einem Freizeitpark aufpoliert und ist trotzdem noch wunderbar untouristisch. Das *Museo Provincial* (u.a. seltene präkolumbische Fundstücke; *C/ Honorato del Castillo*) ist vorübergehend geschlossen. *@ciegoavilainformacion* | *J3–4*

CAMAGÜEY

(K4) **Ungewöhnlich verwinkelt (zum Schutz vor Piraten) und ungewöhnlich reich an alten Kirchen und kolonialen Plätzen, an Künstlern und Literaten: Keine Stadt Kubas ist so eigenwillig wie diese!**

2008 wurde ★ Camagüey (330 000 Ew.) Unesco-Weltkulturerbe. Die Stadt hat eine bewegte Geschichte hinter sich: 1514 unter dem Namen Santa María Puerto Príncipe an der Küste gegründet, wurde sie 1516 ans Ufer des Río Caonao und 1528 an ihren heutigen Platz verlegt, schließlich 1923 nach dem Kaziken Camagüebax benannt. Aus Camagüey stammen der Dichter Nicolás Guillén (1902–89) und der Freiheitskämpfer Ignacio Agramonte (1841–73). Wahrzeichen der Stadt sind die *tinajones,* große Tonkrüge, in denen die Reichen zur Regenzeit Wasser sammelten. Heute beeinträchtigen immer mal wieder Stromausfälle den Alltag in Camagüey. Dann sind alle Läden und Restaurants geschlossen. *ohcamaguey.cu*

SIGHTSEEING

MUSEO CASA NATAL DE IGNACIO AGRAMONTE

Krüge *(tinajones)* im Patio, alte Möbel und historische Dokumente erinnern im stattlichen Geburtshaus von Igna-

WOHIN ZUERST?

Plaza de los Trabajadores: Lass dich nicht vom Namen „Platz der Arbeiter" irritieren! Hier schlägt Camagüeys Herz, kreativ und lebenslustig. Große Kunst gleich in der *Casa de Cultura* (blaues Gebäude), kleine Stände und Shops in der nahen Calle Maceo. Sie mündet in die República, wo du alle wichtigen Agenturen findest.

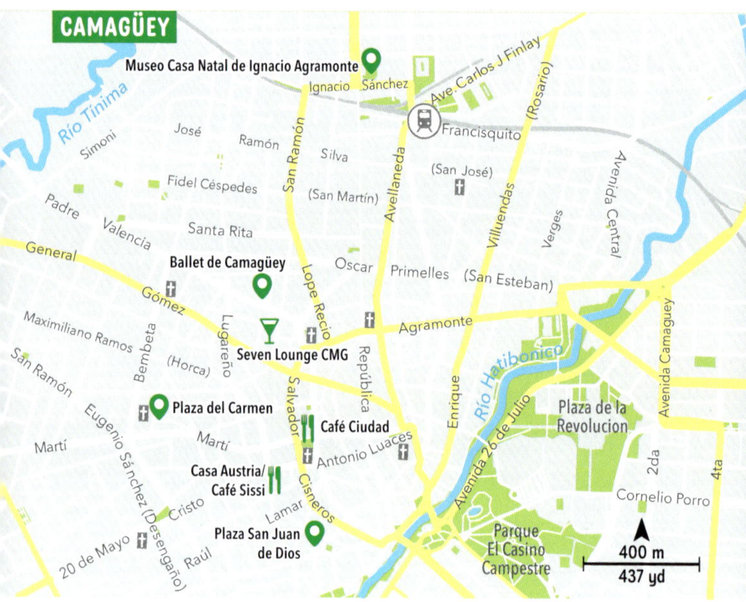

cio Agramonte (1841–71) an den großen Kämpfer gegen die Spanier; er fiel im 1. Unabhängigkeitskrieg. *Mo–Sa 9–16.45, So bis 12 Uhr | Eintritt 200 CUP | Av. Agramonte 459 | ⏱ ¾ Std.*

PLAZA DEL CARMEN

Mit den „schwatzenden" Bronzefrauen und anderen lebensgroßen Skulpturen der Bildhauerin Martha Jiménez auf dem Vorplatz gibt die barocke *Iglesia de Nuestra Señora del Carmen* (1825) ein schönes Fotomotiv ab. Das Restaurant *El Ovejito (tgl. 12–23 Uhr | Tel. 32 24 24 98 | €–€€)* ist auf Lammgerichte spezialisiert. *Hermanos Agüero, zw. C/ Homda und Carmen*

PLAZA SAN JUAN DE DIOS

Der Platz hat was zu bieten: einen Kunstgewerbemarkt *(Di–So 8–17 Uhr),* das zünftige Restaurant *La Campana de Toledo (tgl. 10–22 Uhr | €€–€€€)* mit schönem Innenhof und das schicke Restaurant *1800 (tgl. 9–01 Uhr | Tel. 32 28 36 19 | €€)* mit großer Bar und abends manchmal Livemusik.

INSIDER-TIPP Kreatives Paar

Daneben lädt die Galerie des Künstlerpaares Joel Jover und Ileana Sánchez dazu ein, mal reinzuschauen *(conojodegato.blogspot.com).* Gegenüber beherbergt das *Antiguo Hospital de Dios,* ein altes Krankenhaus (1728), ein Museum für Kolonialarchitektur *(Di–Sa 9–17, So 9–13 Uhr | Eintritt 25 CUP)* mit tollem Blick vom Mirador.

BALLET DE CAMAGÜEY

Das Ballet de Camagüey ist eine weit über die Grenzen Camagüeys bekannte, über 50 Jahre alte Institution. Während der Coronapandemie ruhte der Betrieb, jetzt gibt es gelegentlich wieder Aufführungen. Infos bei Facebook, Karten bei *Paradiso (C/Ignacio Agramonte 409 | Tel. 32 28 60 59 | paradis online.com).*

ESSEN & TRINKEN

CAFÉ CIUDAD

Angesagtes Café an der ehemaligen Plaza de Armas, heute Plaza Agramonte; gute Sandwiches, kühle Cocktails. *Tgl. 9–23 Uhr | Plaza Agramonte, Cisneros | Tel. 32 25 84 12 | €–€€*

CASA AUSTRIA/CAFÉ SISSI

Was hat denn die österreichische Kaiserin in der Karibik zu suchen? Zuckerbäcker Sepp stammt aus dem Salzburger Land und lockt mit süßen Sissi-Reminiszenzen, Wiener Schnitzel und Gulasch. Zur Casa gehören auch fünf komfortable Zimmer *(€). Tgl. 7.30–23.30 Uhr | C/ Lugareño 121, zw. San Rafael und San Clemente | Tel. 32 28 55 80 | €–€€*

SCHÖNER SCHLAFEN IN DER MITTE

KOLONIALES FLAIR

Du trittst durch die alte Holztür und denkst, du bist im Museum! Kristallleuchter, Mahagonimöbel, Porzellanfiguren – so herrschaftlich wie zu Kolonialzeiten ist bis heute die *Casona Cueto* in Remedios geblieben. Die *casa particular* (Privathaus) liegt ruhig in einer Seitenstraße nahe dem Zentrum. Unbedingt eines der alten Zimmer mieten – mit hohen Decken, Holzbalken und Fensterläden (aber mit modernem eigenem Bad!). *9 Zi. | Calle Alejandro del Río 72 | Tel. 42 39 53 50 | €*

AUSGEHEN & FEIERN

SEVEN LOUNGE CMG

Cocktail-, Jazz- oder Rockmusik-Nights, Fiesta oder auch nur mal Sonderpreise für Bier, Rum oder Whisky: Die beliebte Tapasbar ist immer für Überraschungen gut. *Do–So 19–3 Uhr | C/San Ramón 7 | Tel. 51 93 62 77 | Facebook*

RUND UM CAMAGÜEY

12 PLAYA SANTA LUCÍA

112 km/1½ Std. von Camagüey (Auto)

Ein langer Strand (21 km), ein paar Resorts und eine Lagune mit Flamingos – das ist Playa Santa Lucía. Traumhaft karibisch wird's im nördlich gelegenen Fischerdorf *La Boca* mit hinreißendem Palmenstrand *Playa de los Cocos*. Lust auf ein Tauchabenteuer? Die *Shark Friends* füttern Bullsharks, und du kannst mitmachen *(Marlin Marinas & Nautica | Tel. 59 88 38 90 | comercial@marlin-stl.tur.cu)*; außerdem Bootsausflüge zum *Cayo Sabinal*. Ein toller Strand dort: die Playa Bonita! *L–M4*

INSIDER-TIPP
Hai-Freunde

DER OSTEN

WO ALLES ANFING

Im Osten ging Christoph Kolumbus einst an Land, hier setzte er das älteste erhaltene Holzkreuz in die Erde, auf der später mit Baracoa die erste Kolonialstadt Kubas entstand, zugleich Sitz des ersten Gouverneurs – bis diesem Santiago de Cuba besser gefiel.

Im Osten ankerten die ersten Sklavenschiffe und landeten die Flüchtlinge aus Sainte-Domingue, die Santiago de Cuba zur Wiege der kubanischen Musik, des Son, machten und mit denen die Kaffee-

Die Berge des grünen Inselrückens erheben sich im Osten auf über 1000 m

und Zuckerwirtschaft ihren Aufschwung nahm. Und rund 500 Jahre, nachdem die Spanier mit der Hinrichtung des Kaziken Hatuey den indigenen Widerstand gegen die Kolonialmacht erstickt hatten, reiften hier auch die Pläne zu den Unabhängigkeitskriegen und der legendären Revolution von Fidel Castro. Freue dich auf seine Heimat! Auf das karibische Flair, die wildesten Wälder, die höchsten Berge und die größten Buchten des Landes und viele herrlichee Sandstrände.

DER OSTEN

OCÉANO
Sola
Nuevitas
Playa Santa Lucía
Minas
Camalote
Manatí
Sibanicú
Puerto Padre
Playa Pesque
Sendero las Guanas
CUBA
Vázquez
Gibara 1
2
Parque Monumento Nacional Bahía de Bariay
Guáimaro
Rafa
Las Tunas
Buenaventura
Holguín S. 96
Jobabo
Amancio
Báguanos
Vado del Yeso
150 km, 2 ¼ Std.
Cacocum
Cauto Cristo
Marcané
Mangos de Baraguá
Manzanillo
Bayamo 12
Contramaestre
Campechuela
Yara
Santa Rita
Media Luna
Bartolomé Masó
Palma Soriano
Casa de Velázqu
Sierra Maestra
Niquero
13 La Comandancia de La Plata
El Cobre
Santiago de S. 99
Pilón
10 Parque Nacional Desembarco del Granma
Mar

MARCO POLO HIGHLIGHTS

★ CASA DE VELÁZQUEZ
Das Haus in Santiago, in dem der Eroberer und erste Gouverneur Kubas lebte (und starb) steht immer noch ➤ S. 100

★ CASA DE LA TROVA
Wo sich in Santiago die Daddys schon vor Jahrzehnten zum Musizieren trafen – eine Legende lebt! ➤ S. 104

★ LA COMANDANCIA DE LA PLATA
Das ehemalige Rebellenquartier in der Sierra Maestra ist immer noch nicht so leicht zu erobern ➤ S. 106

★ BARACOA
Eine Stadt mit viel Geschichte, viel Atmosphäre und einer atemberaubend schönen Umgebung ➤ S. 107

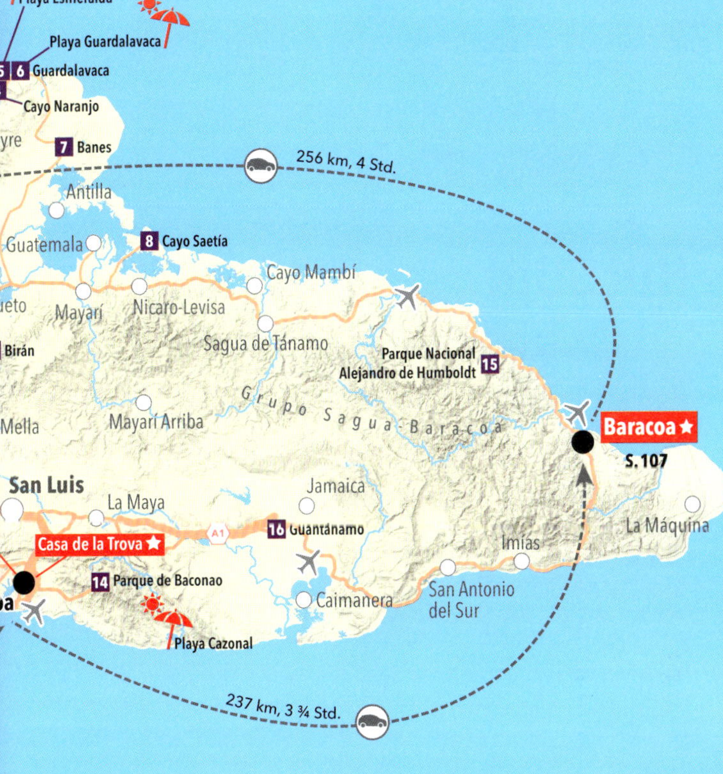

1492: Europa trifft auf indigene Völker – Mahnmal im Parque Bahía de Bariay

HOLGUÍN

(🕮 N5) **Geschützt von Karstbergen wie von den Zacken einer Krone, liegt die Provinzhauptstadt Holguín (300 000 Ew.) im Mayabetal. Die grüne Metropole mit dem großen Hinterland ist berühmt für ihre vielen Parks.**

Das Wahrzeichen ist der Berg *Loma de la Cruz* mit dem Kreuz auf dem Gipfel. Den erreichst du über 461 Stufen – wie es die vielen Gläubigen immer am 3. Mai tun, um die *Romerías de Mayo* zu feiern, das wichtigste Fest der Stadt. Von Frömmelei aber spürt man in der Stadt nichts. Die Leute sind selbstbewusst und weltoffen. Und sie freuen sich, wenn du nicht nur auf ihrem Internationalen Flughafen landest und dann in einem der Ferienressorts an den Stränden im Norden verschwindest, sondern auch mal ihre Stadt besuchst. *@holguintravel*

SIGHTSEEING

PLAZA CALIXTO GARCÍA

Auf diesem Platz bist du richtig: Hier findest du die Post, das *Teatro Eddy Suñol*, das *Museo de Historia Provincial (Di–Sa 8–16.30, So 8–12 Uhr | Eintritt 50 CUP | Calle Frexes 198)* mit dem Wahrzeichen Holguíns, der *hacha,* einem indigenen Kultgegenstand, die *Casa de la Trova* und südlich um die Ecke in der Calle Maceo 129 das für seine bunten Schneckenhäuser berühmte *Museo de Historía Natural Carlos de la Torre (Di–Sa 9–17, So 9–12 Uhr | Eintritt 25 CUP).*

ESSEN & TRINKEN

NOI DUE

Der beste Italiener in der Stadt. Gute Pizzen und – eine Rarität auf Kuba – Pasta al dente! *Tgl. 12–23 Uhr | Narciso López 154, zw. Frexes und Martí | Tel. 52 45 40 54 | Facebook: ristorantenoi due | €–€€*

1910

Die gepflegte Atmosphäre wird dir gefallen, und was auf den Tisch kommt, noch mehr: Tintenfisch, Shrimps, Lamm, alles köstlich! *Tgl. 10–23.45 Uhr | C/ Martires 143, zw. Aricocha und Cables | Tel. 53 26 70 98 | €€–€€€*

RUND UM HOLGUÍN

1 GIBARA

37 km/¾ Std. (Auto) von Holguín über Aguas Claras

Ein spanisches Fort, Kolonialhäuser und eine Höhle: Die nordwestlich von Holguín gelegene Hafenstadt (40 000 Ew.) gehört zu den jüngeren kolonialen Perlen Kubas (gegründet 1817). Fähren fahren dreimal täglich zur kleinen *Playa Blanca*. *N4–5*

2 PARQUE MONUMENTO NACIONAL BAHÍA DE BARIAY

45 km/1 Std. (Auto) von Holguín über Fray Benito

16 indigene Götterstatuen, die von griechischen Säulen in der Anordnung eines Schiffsrumpfs bedrängt werden, erinnern an den 29. 10. 1492, als Christoph Kolumbus an dieser Stelle erstmals kubanischen Boden betrat. Das Denkmal im Park schuf die Künstlerin Caridad Ramos Mosquera. *Tgl. 9–17 Uhr | Eintritt 8 US $/Euro | Facebook: parquebariay | N5*

3 PLAYA PESQUERO

51 km/55 Min. von Holguín (Auto)

Die weiße Playa Pesquero fällt flach in einer westlich der Bahía de Naranjo gelegenen Bucht ins Wasser ab. Auf dem weiteren Weg zur noch einsamer gelegenen *Playa Yuraguanal* kommst du zum Infozentrum des *BioParque Rocazul*. Der 5 km² große Park ist durchzogen von Wander- und Reitwegen, es gibt auch einen kleinen Zoo mit Krokodilen, Straußen und den pampashasengroßen Jutías *(tgl. 9–17 Uhr | Eintritt je nach Länge der Wanderung 8, 12 oder 16 US $/Euro für 1, 2 oder 3 Std.; reiten kostet 16, 24 oder 32 US $/Euro für 1, 2 oder 3 Std. | Tel. 53 43 38 50)*. Und in der *Finca del Campesino (tgl. 8.30–17 Uhr | €)* bekommst du für wenig Geld einfache Speisen. *N4–5*

INSIDER-TIPP
Küstenpark mit Zoo

4 CAYO NARANJO

61 km/50 Min., mit dem Auto von Holguín bis km 48 der Ctra. Guardalavaca und dort zum Fähranleger

Die Insel in der großen „Orangenbucht" ist eine Freizeitwelt mit vielen Facetten: Im *Acuario Cayo Naranjo* kannst du Shows mit Delfinen und Seelöwen sehen oder mit dem Katamaran zu Ausflugsfahrten ablegen.

Außerdem laden Strände zum Baden ein. *Ausflugsangebote in den Hotels; geöffnet tgl. 9–21 Uhr | Eintritt 26, Kinder 13 US $/Euro |* 🕮 *N5*

5 PLAYA ESMERALDA/ SENDERO LAS GUANAS

60 km/1 Std. von Holguín (Auto)

Die schöne, weiße, feinsandige *Playa Esmeralda* liegt 4 km westlich von Guardalavaca. Am Westende der Bucht kannst du über den gut beschilderten, 1,5 km langen archäologischen Naturlehrpfad *Los Guanos (tgl. 10–17 Uhr)* spazieren und u.a. eine kleine Höhle anschauen. 🕮 *N4–5*

6 GUARDALAVACA

60 km/1 Std. von Holguín (Auto)

Der Name Guardalavaca (Dt. „Pass auf die Kuh auf") lässt vermuten, hier sei der Hund begraben. Aber mit der wachsenden Schar an Ferienhotels ist eher das Gegenteil der Fall. Kein Wunder, die *Playa Guardalavaca* ist die schönste und breiteste der Region. Früher lebten (und starben) hier viele Ureinwohner wie die zahlreichen Funde in der Region bezeugen, wie z.B. der nur 7 km östlich an der Straße nach Banes gelegene *Chorro de Maíta*, der als einer der größten indigenen Friedhöfe in der Karibik gilt. Einige Skelette wurden präpariert und im *Museo Chorro de Maíta (Di–Sa 9–17, So 9–13 Uhr | Eintritt 200 CUP | 20 Min.)* ausgestellt. Gegenüber siehst du eine rekonstruierte *Aldea Taína* (Taínodorf) mit Zeremonienplatz *(tgl. 9–16.30 Uhr | Tanzshows für Gruppen | Eintritt 5 US $/Euro)*. Kein Auto? Dann kommst du auch mit dem Doppeldecker-Pendelbus von der Playa Guardalavaca, der Playa Esmeralda und der Playa Pesquero für 5 US $/Euro (nur Kreditkarte) zur Aldea Taína und zurück. 🕮 *N4–5*

INSIDER-TIPP
Mobil mit dem Pendelbus

7 BANES

90 km/1½ Std. von Holguín (Auto)

Dieses verschlafene Nest war vor der Revolution fest im Griff der United Fruit Company – inklusive einer illustren Oberschicht, darunter die Familie des Diktators Fulgencio Batista. Nach seiner Hochzeit mit der Tochter des Bürgermeisters gehörte auch Fidel Castro dazu. Ein paar Gebäude der US-Bananengesellschaft, die 1959 das Land verließ, stehen noch am Stadtrand. Auch die Kathedrale, in der Castro damals heiratete, steht noch (die Ehe wurde 1953 annulliert). Schräg gegenüber der Kirche: das *Museo Indocubano Baní (Di–Sa 9–17, So 8–12 Uhr | Eintritt 25 CUP | C/ General Marrero 305)* mit Fundstücken aus der Region, darunter eine kleine goldene Fruchtbarkeitsgöttin. 🕮 *N5*

8 CAYO SAETÍA

110 km/1 Std. 40 Min. von Holguín über Mayarí (Auto)

Auf der mit dem Festland durch einen Damm verbundenen Insel leben u.a. Gazellen, Büffel, Strauße und Antilopen wie in freier Wildbahn. Die Tiere wurden früher mal als Jagdwild für schießwütige Funktionäre hier ausgewildert. Sehr schöner, meist menschenleerer Strand beim einzigen Hotel. *Eintritt 25 CUP | Reisepass mitbringen! | @villacayosaetia |* 🕮 *O5*

Wohltuenden Schatten spenden die Palmen an der Playa Guardalavaca

9 BIRÁN

72 km/1¼ Std. von Holguín (Auto)

Das Herzstück des Dorfs am Rand der Sierra de Nipe ist die *Finca Las Manacas*, der Geburtsort der Geschwister Fidel (1926–2016) und Raúl Castro (1931*). Der Vater, ein ehemaliger Soldat des spanischen Heeres, hatte sie 1915 erworben und eine Zuckerrohrplantage betrieben. Er verstarb 80-jährig, 42 Tage bevor sein Sohn Fidel mit der „Granma" auf der Insel landete (1956). Die Finca wurde zum nationalen Monument erhoben und in ein Museum umgewandelt *(zzt. geschl.)*. Sie umfasst 26 Gebäude, u. a. das rekonstruierte erste Wohnhaus der Familie (1954 abgebrannt), in dem Kubas ehemaliger Staatschef am 13. 8. 1926 geboren wurde. Das Zimmer, das er sich mit Bruder Raúl teilte, existiert ebenso noch wie die Hahnenkampfarena, in der sich Raúl angeblich besonders gerne aufhielt. *N5*

SANTIAGO DE CUBA

(N6) **In der alten Hafenstadt (450 000 Ew.) swingt und jammt es auf den Plätzen und in den Gassen, die Luft flimmert vor karibischer Hitze.**

WOHIN ZUERST?

Parque Céspedes: bester Ausgangspunkt für Stadtrundgänge. Westlich der Kathedrale liegt die Bank, östlich das Infotur-Büro, vor dem du für 25 CUP (an die Wächter) auch sicher parken kannst. Ein paar Schritte weiter kommst du zur Casa de la Trova, und auch die lebhafte Plaza de Dolores hast du schnell zu Fuß erreicht.

Santiago de Cuba hat eine bewegte Vergangenheit hinter sich: 1524–1607 war die Stadt Gouverneurssitz, stets bedrängt von Piraten aus Jamaika und überflutet von Flüchtlingen aus der französischen Nachbarkolonie Sainte Domingue, dem späteren Haiti. Und schließlich war sie ein wichtiger Schauplatz der Revolution. Du spürst förmlich die frühere Piratengefahr, wenn du die Festung *San Pedro de la Roca del Morro* (Unesco-Weltkulturerbe) besuchst. Oder den Geist der unberechenbaren afrikanischen Götter im Tivoli-Viertel, in dem die Flüchtlinge aus Haiti unterkamen. Und den Atem der Geschichte, wenn du im *Parque Céspedes* den blauen Balkon am Rathaus siehst, auf dem Fidel Castro einst den glorreichen Sieg der Revolution ausrief. *@cubatur.santiago*

SIGHTSEEING

KATHEDRALE

Siehst du vorn in den Nischen der Kathedrale die Figuren von Kolumbus und Bartolomé de Las Casas? Sie erinnern an die 500-jährige Geschichte des Gotteshauses. Viermal nach Plünderungen und Erdbeben wieder aufgebaut, wurde die schöne fünfschiffige Basilika nach der Revolution vergessen – bis Papst Johannes Paul II. mit seinem historischen Besuch 1998 die Wende brachte. *Tgl. 8–12, 17–19 Uhr, Messen Mo–Fr 18.30, Sa 17, So 8 Uhr | Parque Céspedes, Eingänge an den Seiten | ¾ Std.*

CASA DE VELÁZQUEZ ★

Hinter dem holzvergitterten Balkon wohnte (und starb) der Eroberer und erste Gouverneur Kubas Diego de Velázquez. Das Haus von 1519 diente im EG als Kommandantur; erbeutetes Gold kam da in den Schmelzofen. Oben waren die Privaträume, in denen heute das *Museo del Ambiente Histórico* koloniale Möbel zeigt. So 10–11 Uhr wird der aus Frankreich stammende beliebte Danzón gespielt. *Tgl. 9–17 Uhr | Eintritt 100 CUP | C/ Félix Peña 610 | Parque Céspedes | ⏱ ¾ Std.*

INSIDER-TIPP
Matinee mit Musik

MUSEO DEL CARNAVAL

Masken, Kostüme, typische Musikinstrumente wie *congas* und *cornetas*, Plakate und Fotos vermitteln im Karnevalsmuseum nur einen kleinen Eindruck von dem mächtig ausgelassenen Karneval in Santiago (letzte Juliwoche). *Di–So 9–17 Uhr, Folkloreführungen Di–Sa 16 Uhr (im Eintrittspreis enthalten) | 25 CUP | C/ Heredia 303 | ⏱ 1 Std.*

MUSEO PROVINCIAL EMILIO BACARDÍ

Im prächtigsten Gebäude der Stadt findest du das nach seinem Gründer Emilio Bacardí (1844–1922) benannte Museum. Sein Schreibtisch steht gleich am Eingang; im Keller verbreiten Mumien und Schrumpfköpfe Gruselstimmung, im OG sind wertvolle Gemälde zu sehen. *Di–Fr 9–16.30, Sa 9–18, So 9–14.30 Uhr | Eintritt 25 CUP | C/Aguilera, Ecke Pío Rosado | Facebook: M.ebacardi | ⏱ 1 Std.*

ESCALINITA PADRE PICO

Die steile Treppe zwischen zwei Häuserzeilen ist die fotogenste Verbindung der Unterstadt mit *Tivoli*, der al-

Das Herz von Santiago de Cuba: Kathedrale am Parque Céspedes

In der Calle José Saco, Santiagos Hauptgeschäftsstraße, ist immer Betrieb

ten Siedlung der französischen Immigranten. Sie führt auf die C/ Jesús Rabi und das an der Ecke liegende *Museo de la Lucha Clandestina (Di–So 9–17 Uhr | Eintritt 25 CUP | C/ Jesús Rabi 1 | ⏲ 30 Min.)* zu, eine ehemalige Polizeistation, in der die Bewegung des 26. Juli (Sturm auf die Moncada-Kaserne) dokumentiert ist. In der Calle Jesús Rabi 6 wohnte Fidel Castro während seiner Studienzeit.

INSIDER-TIPP
Fidels Studentenbude

MUSEO HISTÓRICO 26 DE JULIO

Die Einschusslöcher an der Fassade der Moncada-Kaserne stammen noch von dem misslungenen Anschlag vom 26. Juli 1953, mit dem Fidel Castro die damalige Kaserne Batistas einnehmen wollte. Drinnen im Museum siehst du die grausigen Folgen: Bilder der Getöteten oder Gefolterten (Fidel Castro wurde damals auf die Isla Juventud ins Gefängnis deportiert). In dem Gebäude ist heute außerdem noch eine Schule untergebracht. *Di–Sa 9–19, So/Mo 9–12.30 Uhr | Eintritt 50 CUP | Ctra. Central, Ecke Gen. Portuondo | ⏲ ½ Std.*

CEMENTERIO SANTA IFIGENIA

Vielleicht musst du dich anstellen, wenn du Fidel Castros Grabmal, einen gigantischen Findling, auf diesem Friedhof besuchen willst. Aber es gibt auch noch anderes zu sehen: das Grabmal seines Idols, des Dichters und Freiheitshelden José Martí z. B. Oder das seiner ärgsten Feinde, der von ihm enteigneten Rum-Familie Bacardí. *Tgl. 8–18 Uhr | Eintritt 1 US$/Euro | Av. Crombet | ⏲ 1 Std.*

FORTALEZA DE SAN PEDRO DE LA ROCA DEL MORRO

Juan Bautista Antonelli schuf die mächstigsten Festungen in der Karibik, so auch 1638–1700 diese Fortaleza, die seit 1997 Unesco-Welterbe ist. Innen kannst du dich über Filibuster, Bucaneros & Co. informieren und Kanonen, ein Verlies und eine Dokumentation zur spanisch-amerikanischen Seeschlacht (1898) vor Santiago studieren; allein der traumhafte Blick lohnt den Besuch! 207 Stufen führen hinunter zur Küste. *Tgl. 8–19.30 Uhr | Eintritt 100 CUP | ⏱ 2 Std.*

ESSEN & TRINKEN

PALADAR SALÓN TROPICAL

Einer der ersten Paladare und immer noch supergut: kubanisch-italienische Küche mit gegrillten Köstlichkeiten, serviert auf einer lauschigen Dachterrasse. *Tgl. 13–24 Uhr | C/ Fernández Marcané 310 | Santa Bárbara | Tel. 22 64 11 61 | €*

ST. PAULI

Ja, der Name hat mit dem Hamburger Kultfußballverein zu tun! Ein heimgekehrter Fan hielt es für ein gutes Omen, sein ungewöhnliches Restaurant so zu benennen. Hier bekommt man viel kreative Kochleistung für wenig Geld! *Tgl. | Enramada 605, zw. Barnada und Plaza de Marte | Tel. 22 65 22 92 | €–€€*

351 SABOR Y ARTE

Dass sich hier schon viele wohlgefühlt haben, siehst du an den bekritzelten Wänden. Täglich wechselnde Gerichte mit frischen Zutaten ersetzen hier die Speisekarte. *Mo–Sa 12.30–22 Uhr | Hospital, Ecke Bartolomé Masó | Tel. 53 40 30 14 | €–€€*

1900

Der feudale Rahmen lockt hier mehr als die Kochkunst. Das staatliche Restaurant residiert im eleganten ehemaligen Wohnhaus der Bacardís. Gut ist die *sopa de mariscos* (Meeresfrüchte-

ACHTUNG, GEHEIMNISTRÄGER!

Schon mal einen Kubaner ganz in Weiß gesehen? Aber so richtig weiß, von den Schuhen und Socken bis zum Halstuch? Der „macht seinen Heiligen" *(hacerse santo)*, sagt man. Denn so gekleidet gehen nur Kubaner, die zum Babalawo geweiht werden wollen. So heißen die Priester der afrokubanischen Religion Santería. Die Kleidung weist sie als Geheimnisträger aus: Ein Jahr lang werden sie in die Rituale, Gesänge und Geschichten der Santería eingeweiht. Es ist die auf Kuba am stärksten verbreitete Religion. Sie geht davon aus, dass jedem Menschen mindestens eine Gottheit aus dem Santería-Pantheon zugeordnet werden kann: etwa Ochún, die Göttin der Eitelkeit, Oyá, die Göttin der Rache, Yemayá, die Göttin des Meeres und der Mutterschaft, oder Ogún, der Frauenheld, Krieger und Gott der Berge. Du möchtest wissen, welcher Gott zu dir passt? Dann frag doch mal einen Babalawo!

suppe). *Tgl. 12–24 Uhr | C/ San Basilio, zw. San Félix und Carnicería | Tel. 22 62 35 07 | €*

SHOPPEN

LIBRERÍA LA ESCALERA

Fundgrube für antiquarische Bücher, Zeitschriften, Plakate und Karten – Kult! *Tgl. 10–22 Uhr | C/ Heredia 265*

TIENDA DE LA MÚSICA

Ob Bolero, Son oder Cubaton – hier gibt's alle Stilrichtungen kubanischer Musik. *Mo–Sa 9–17 Uhr | C/ José A. Saco 306*

AUSGEHEN & FEIERN

CABARET TROPICANA

Immer Sa *(21–02 Uhr)* unter freiem Himmel: die von Temperament und Sinnlichkeit sprühende Cabaret-Show Santiagos. *Circunvalación/Autopista Nacional, km 1,5 | Tel. 22 64 25 79 | Eintritt 1400 CUP | Buchung im Infotur-Büro gegenüber der Kathedrale*

CASA DE LAS TRADICIONES

Tanzbar mit etwas anrüchigem Rotlicht- und Santería-Flair! Tapeziert mit Bildern von Tivoli-Stars und Orishas (Göttern der Santería). In Matthias Polityckis Kuba-Roman „Herr der Hörner" verfällt hier ein Urlauber den Reizen einer Kubanerin. Ab und zu Livemusik, am 6. Juli Ogún-Zeremonie. *Tgl. ab 21 Uhr | C/ Rabi 154 | Tivoli*

CASA DE LA TROVA ★

Kleine Bühne, die Wände voller Fotos, ein paar Sitze für Freunde: Hier treten begnadete Sänger und Musiker auf. An den hübsch hergerichteten alten

In der Casa de la Trova gibt's kubanische Musik vom Feinsten zu hören

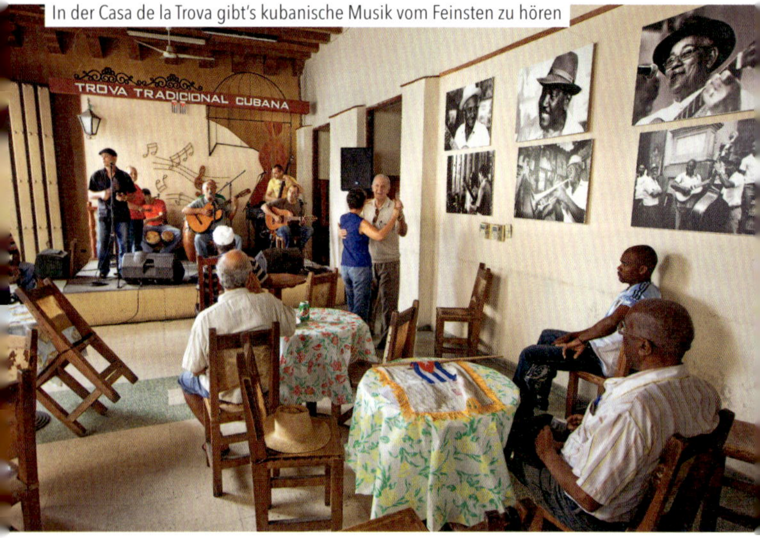

Raum schließt sich als abendliches Tanzparkett der *Patio de la Trova* an; oben im *Salon de los Grands* kann bis spät in die Nacht weitergetanzt werden. *Tgl. 21–1 Uhr | Eintritt 250 CUP | C/ Heredia 208*

PATIO DEL BOLERO

In diesem auch bei den Einheimischen heiß geliebten Haus für Bolero-Sänger(-innen) und -Tänzer(-innen) fühlst du die Magie dieses so wunderbar sentimentalen Musikgenres! Gemütliches Ambiente, guter Service. *Tgl. 20–24 Uhr | Peralejo 109 (Boulevard) | Tel. 22 65 22 05 | Facebook*

RUND UM SANTIAGO DE CUBA

10 PARQUE NACIONAL DESEMBARCO DEL GRANMA

225 km/ca. 4 Std. von Santiago über die Küstenstraße 20 (Auto)

So aufregend und schön wie riskant: Westlich von Santiago führt eine gefährliche Schotterstraße (Achtung Steinschlag!) zwischen dem steilen Abhang der Sierra Maestra und der Karibikküste über Chivirico, Marea del Portillo und Pilón bis zum *Parque Nacional Desembarco del Granma* (Nationalpark „Landung der Granma"). An seinem Westrand liegt Niquero mit der *Playa Las Coloradas*, an der die Rebellen 1956 mit ihrem Boot „Granma" landeten. *L–N 6*

Blickfang in den Bergen: die Basilika von El Cobre

11 EL COBRE

23 km/40 Min. von Santiago über den Paseo Martí (Auto)

Die Basilika der Schutzpatronin Kubas (1927), der Virgen de la Caridad, thront auf einem Hügel neben Kupferhalden (*cobre* heißt Kupfer). Innen dominiert die Schutzheilige in ihrem goldenen Mantel den Hochaltar. Auch Fidel Castro suchte schon ihren Beistand. An ihrem Namenstag, dem 8. September, wird sie in einer Prozession durch den Ort getragen. Ihr heidnisches Pendant ist die Göttin Ochún. *N6*

12 BAYAMO

130 km/2 Std. 10 Min. von Santiago (Auto)

Nette Leute, ein schöner „Bulevard", entspannte Atmosphäre – Bayamo (160 000 Ew., gegründet 1513), die

Hauptstadt der Provinz Granma, kommt gut mit wenig Tourismus aus. Ob's am unbändigen Unabhängigkeitswillen der Bevölkerung liegt? Einer von ihnen löste den 1. Unabhängigkeitskrieg aus: Carlos Manuel Céspedes (1819–74). Sein Geburtshaus, heute *Museo Casa Natal del Padre de la Patria (Di–Fr 9–17, Sa 9–14, So 10–13 Uhr | Eintritt 1 US $/Euro | C/ Maceo 57 | ⏲ 20 Min.)*, steht an der Plaza de la Revolución. Wie der „Vater der Nation" und andere Nationalhelden aussahen, kannst du im *Museo de Cera* sehen *(Di–Fr 9–17, Sa 9–11, 19–22, So 9–11 Uhr | Eintritt 2 US $/Euro | C/ Gen. García 221, zw. Masó und Lora | ⏲ ½ Std.). bayamo.gob.cu | M6*

13 LA COMANDANCIA DE LA PLATA ★

190 km/3 Std. von Santiago (Auto) über Bayamo bis Santo Domingo, + 5 km bis zum Startplatz Alto Naranjo; von da 8 km zu Fuß hin- und zurück

Ein Führer ist obligatorisch für die Wanderung in das ehemalige Lager der Revolutionäre in der Sierra Maestra, wo sie u. a. mit Hife des Piratensenders Radio Rebelde die Bevölkerung auf ihre Seite zogen. Am besten beginnst du die ca. 5-stündige Wanderung am Morgen (Achtung: nach Regenfällen ist der Weg schlammig!), um in der Mittagshitze zurück zu sein. Führer bekommst du für 22 *US $/Euro* im *Ecotur*-Büro *(Ctra. La Plata, km 16 | Villa Santo Domingo| Tel. 23526413 | ecoturcuba.tur.cu)* im Bergort Santo Domingo. Nach einer schönen Tour durch die Bergwildnis siehst du, unter welch primitiven Bedingungen die Revolutionäre da unter Kubas höchstem Gipfel, dem Pico Turquino (1974 m), hausten. Zu sehen sind u. a. das Feldlazarett, in dem Che Verwundete verarztete, die *Casa Comandante* von Fidel Castro und der „Justizpalast", in dem Recht gesprochen wurde – insgesamt 16 oft weit auseinanderliegende Gebäude. Führer von *Ecotur Villa Santo Domingo* bringen bringen dich auch auf den Gipfel des Pico Turquino *(36 km hin und zurück | 102 US $/Euro mit einer Übernachtung). M6*

INSIDER-TIPP
Der Berg ruft!

14 PARQUE DE BACONAO

14–47 km/20–55 Min. von Santiago (Auto) über die Ctra. de Siboney und Ctra. de Baconao

Los geht's mit einem Ausflug zum Aussichtspunkt des 1234 m hohen Monolithen *Gran Piedra* im östlichen Teil der Sierra Maestra (Achtung, steile Straße!), vorbei am *Museo Cafetal La Isabela (zzt. geschl.)*. Bei der Weiterfahrt auf der Ctra. Baconao denkst du dann bald, du bist im Jurassic-Park gelandet, so lebensecht nachgebildete Dinos tummeln sich im *Valle de la Prehistoria (tgl. 8–17 Uhr | Eintritt 100 CUP, Kinder die Hälfte | km 6,5 | ⏲ 1 Std.)*. Daneben, im *Museo Nacional del Transporte Terrestre (tgl. 8–17 Uhr | Eintritt 100 CUP | Ctra. Baconao, km 8,5 | ⏲ 45 Min.)*, glühen Dutzende toller Oldtimer in der Sonne, dazu schmoren 2500 kleine Automodelle in einem Häuschen. Kunstinteressiert? Dann bieg beim Mosaik des Nationalvogels Tocororo ab zur Künstlerkolonie *Comunidad Artística Mamon-*

cillos (Verraco | tgl. 8–11 Uhr). Vorbei an einem großen Kakteengarten und schroffer Küste kommst du schließlich zum schönsten Strand der Gegend, der *Playa Cazonal.* Am sichersten badest du dort im Hotelabschnitt (Tagespass 500 CUP). *O6*

BARACOA

(P6) **Einst die erste Stadt Kubas, ist ★ Baracoa heute so weltabgeschieden wie kaum eine andere! Um sie zu erreichen, muss man erstmal La Farola, die steilste Gebirgsstraße im Land, überwinden. Doch dann liegen sie vor dir: die alten Kolonialhäuser, gedrängt vor der Meerenge zu Haiti, im Rücken der markante Tafelberg El Yunque.** Schon 1492 hatte Kolumbus hier ein Kreuz in den Boden gerammt, und 1511 begann Diego de Velázquez von hier aus mit der Eroberung ganz Kubas. Heute ist Baracoa (82 000 Ew.) ein familiärer Urlaubertreffpunkt und idealer Ausgangspunkt für Ausflüge in den nahen Humboldt-Nationalpark, den artenreichsten Nationalpark Kubas. *@baracoa.paraisotropical*

SIGHTSEEING

CATEDRAL DE NUESTRA SEÑORA DE LA ASUNCIÓN

Auf dem kleinen Platz vor der schön restaurierten Kathedrale (1805) trifft sich alle Welt. Weil ihn mit dem in Silber gefassten Kolumbus-Kreuz in der Katehdrale und der Bronzebüste des von Gottesmännern hingerichteten indigenen Widerstandskämpfers Hatuey gleich gegenüber ein Hauch dramatischer Geschichte umweht? Oder vielleicht doch eher, weil der Platz ein Wlan-Hotspot ist?

Der Humboldt-Nationalpark schützt ein großes Areal karibischen Regenwalds

Die Kakobohnen liefern den Rohstoff für die Schokoladenherstellung

FESTUNGEN

Sie schützten einst vor Piraten: die *Fuerte Matachín* (1739) am Ortseingang, heute *Museo Municipal (tgl. 9–16.30 Uhr | Eintritt 25 CUP)*, die *Fuerte de La Punta* (1803) am Ortsausgang, heute das gleichnamige Restaurant *(tgl. 10–22 Uhr | Tel. 21 64 18 80 | €)* – probier hier mal Fisch mit Kokosmilch! –, und die zu einem Hotel verschmolzenen Reste des *Castillo de Seburoco* (1739). Da oben hast du den besten Blick über Baracoa.

MUSEO ARQUEOLÓGICO „LA CUEVA DEL PARAÍSO"

Wie lebten die Taíno? Die Frage versucht das archäologische Museum mit indigenen Kultgegenständen aus der Umgebung zu beantworten. Außerdem siehst du einen rund 500 Jahre alten Schädel – vielleicht ist es der Kopf des Häuptlings Guamá? *Tgl. 8–17 Uhr | Eintritt 75 CUP | C/ Reparto Paraíso | ⏲ 40 Min.*

ESSEN & TRINKEN

BARACOANDO

Das vielleicht beste, auf jeden Fall ungewöhnlichste vegetarische Restaurant Kubas, unscheinbar in einem Haus aus recycelten Materialien. Ein leidenschaftlicher Koch zaubert dir hier nach Anmeldung und Vorkasse tolle schmackhafte Gerichte, Saucen und Pestos. Gegessen wird von Holztellern mit Holzlöffeln. *Tgl. 13–21 Uhr | Maceo 96 | Tel. 52 58 93 19 | €€*

CASA DEL CACAO

„Tankstelle" für Schokolodenfans am Boulevard Baracoas. Fotos im Laden dokumentieren die Kakaoverarbeitung. *Tgl. 10–23 Uhr | Maceo 129 | Tel. 21 64 21 25 | €*

AUSFLÜGE

INFOTUR

Das Team organisiert Ausflüge, z. B. auf den Tafelberg El Yunque. *Mo–Sa 8.30–16.45 Uhr | C/ Maceo 129 | Tel. 21 64 17 81 | cubatravel.cu*

RUND UM BARACOA

15 PARQUE NACIONAL ALEJANDRO DE HUMBOLDT

33 km/2 Std. von Baracoa (Auto) über sehr (!) schlechte Schotterstraße

Der artenreichste Nationalpark Kubas! Und er ist Bestandteil eines noch größeren Schutzgebiets: des Biosphärenreservats *Cuchillas de Toa*. Hier lebt Kubas nur fingernagelkleines Fröschchen Monte Iberia, hier gibt es 90 verschiedene Vogel- und rund 2000 Pflanzenarten. El Indio oder andere Ranger im *Informationszentrum (Ctra. Moa, km 30 | Bahía de Taco)* erklären dir gern die 16 verschiedenen Vegetationszonen anhand der dortigen Schaubilder. Bei ihnen kannst du auch geführte Wanderungen buchen, z. B. zum *Loma de Piedra (250 CUP/Pers., 3 Std.)*. *O–P5*

16 GUANTÁNAMO

110 km/gute 2 Std. von Baracoa (Auto) über die Straße La Farola

Zugegeben, keine Schönheit! Nur im Zentrum stehen noch ein paar hübsche Häuser aus der Gründungszeit durch französische Flüchtlinge aus dem heutigen Haiti. Weltberühmt wurde die östlichste Provinzhauptstadt (244 000 Ew.) erst durch die 12 km südlich vorgelagerte US-Militärbasis Guantánamo Bay (seit 1903). Die ursprünglich befristete Pacht wurde 1934 auf unbegrenzte Zeit verlängert. Die jährlichen Schecks soll die kubanische Regierung aber nie eingelöst haben. Seit 2002 nutzen die USA die Militärbasis als gesetzesfreie Haftanstalt u.a. auch für inhaftierte IS-Terroristen. Vom *Mirador La Gobernadora (tgl. 9–21 Uhr | Ctra. a Baracoa)* kannst du die Bucht gut überblicken, aber keine Einzelheiten erkennen. Berühmt wurde Guantánamo auch durch das Lied „Guantanamera", in dem *guajiras* (Bäuerinnen) der Region besungen werden. Der Text geht auf José Martís *Versos Sencillos* („einfache Verse") zurück. *O6*

SCHÖNER SCHLAFEN IM OSTEN

OASE MIT EIGENEM STRAND

Das Rauschen des Meeres und der Palmen im Wind wiegt dich in der *Villa Maguana* in den Schlaf, weckt dich am Morgen und begleitet dich den ganzen Tag – das ist der größte Luxus dieses einsam gelegenen Strandhotels. Aber auch das Essen ist spitze, z. B. Fisch in Kokossauce mit Bananenchips. Und dann die Nähe zum Humboldt-Nationalpark (schöne Wanderungen)! *4 Holzhäuser mit je 4 Zi. | Ctra. a Moa, km 22 (Achtung, sehr schlechte Straße!) | Tel. 21 64 12 04 | €€*

ERLEBNIS TOUREN

Lust, die Besonderheiten der Region zu entdecken? Dann sind die Erlebnistouren genau das Richtige für dich! Ganz einfach wird es mit der MARCO POLO Touren-App: Die Tour über den QR-Code aufs Smartphone laden – und auch offline die perfekte Orientierung haben.

1 DER GRÜNE WESTEN: ORCHIDEEN, KORKEICHEN UND KALKRIESEN

- ➤ Im Ökotourismuskomplex nah an der Natur übernachten
- ➤ Im Bann der mystischen Mogotes zum Frühaufsteher werden
- ➤ Auf Cayo Levisa barfuß durch feinen weißen Sand gehen

Havanna

Havanna

430 km

5 Tage, reine Fahrzeit 8 Stunden

Kosten: ca. 380 Euro für Guides, Benzin, Eintrittsgelder, Unterkunft für zwei Personen, Essen, Parkplatzgebühr in Palma Rubia, Fähre nach Cayo Levisa plus ca. 300 Euro für den Mietwagen

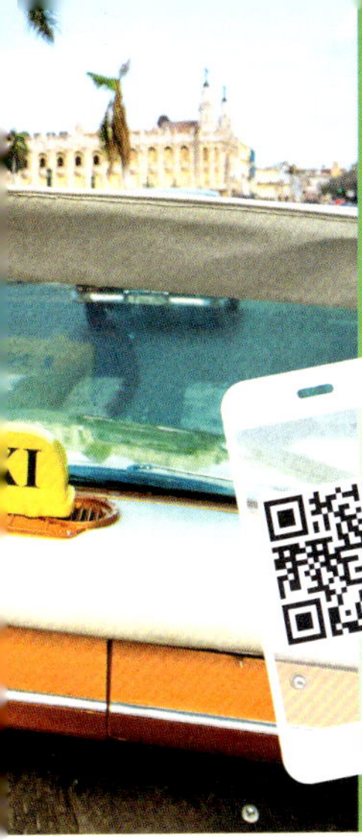

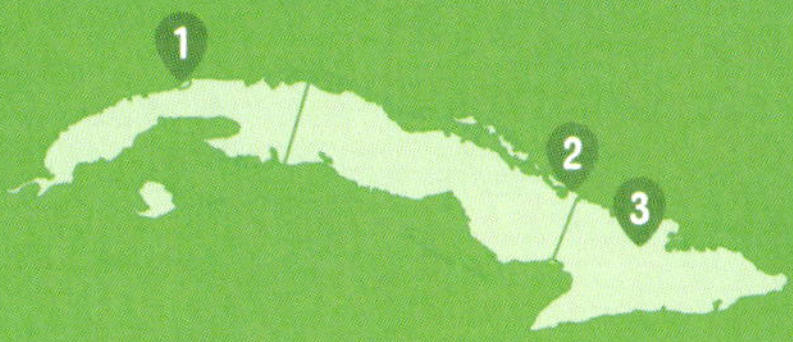

Einfach QR-Code scannen und alle Karten & Infos zu unseren Touren auch unterwegs parat haben! go.marcopolo.de/kub

Im Cabrio cruisen: Taxifahrer vorm Kapitol in Havanna

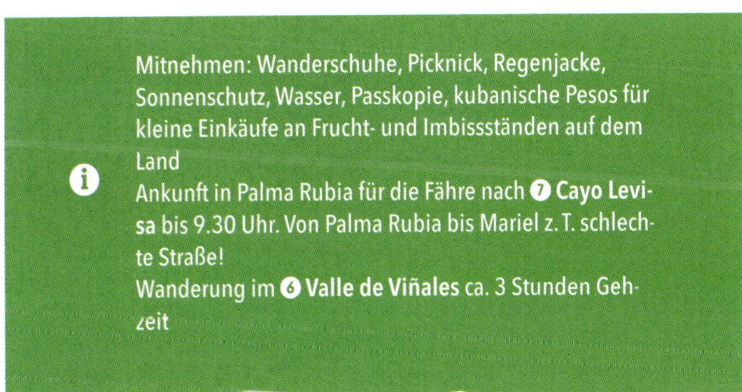

Mitnehmen: Wanderschuhe, Picknick, Regenjacke, Sonnenschutz, Wasser, Passkopie, kubanische Pesos für kleine Einkäufe an Frucht- und Imbissständen auf dem Land

Ankunft in Palma Rubia für die Fähre nach 7 **Cayo Levisa** bis 9.30 Uhr. Von Palma Rubia bis Mariel z. T. schlechte Straße!

Wanderung im 6 **Valle de Viñales** ca. 3 Stunden Gehzeit

AUF NACH WESTEN!

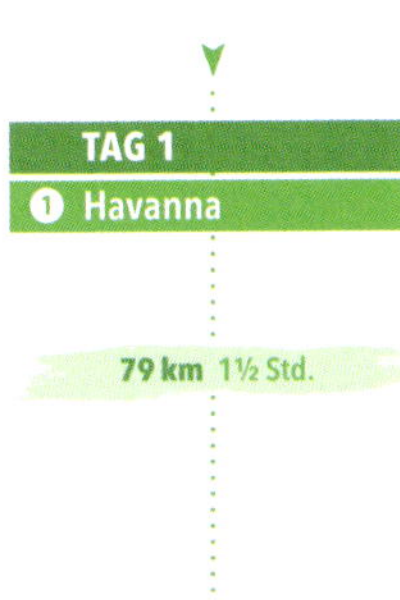

Aufgepasst am Morgen, damit du gut aus 1 Havanna ➤ S. 38 rauskommst. *Nimm die Avenida 5 in Miramar, biege erst links in die Calle 146 (Abzweig Centro de las Convenciones), dann in die Avenidas 25 und 23 und schließlich auf die Autobahn (autopista) nach Pinar del Río ein.* Erste Abstecher: *Folge dem kleinen Holzschild, das nach rund 60 km rechts nach „Las Terrazas" zeigt.* Nach kurzer Fahrt bergauf bist du am Infozentrum (gute Übersichtskarte der Region), wo du 50 CUP Eintrittsgebühr zahlen musst, bevor sich die *Puerta de las*

❷ Las Terrazas

Delicias zur Weiterfahrt zum Ökotourismuskomplex ❷ **Las Terrazas** ➤ S. 65 öffnet. Er liegt schön in einem weiten Tal mit See, gekrönt vom **Hotel Moka** *(moka-hotel-pinar-del-rio.hotel-mix.de)*, wo du die erste Nacht verbringst und vielleicht eine 1,6 km lange Canopy-Rutschpartie (600 CUP) ausprobierst.

ORCHIDEEN, EIN THERMALBAD UND SCHNECKENHÄUSER

TAG 2-3

18 km ½ Std.

❸ Soroa

❹ San Diego de los Baños

53 km 1 Std.

❺ Pinar del Río

Weiter geht's am nächsten Tag in den Nachbarort ❸ **Soroa** ➤ S. 65 mit seinem berühmten Orchideengarten und danach *zurück auf die Autobahn nach Pinar del Río*. Einen weiteren Abstecher lohnt das idyllisch im Gebirge gelegene ❹ **San Diego de los Baños** ➤ S. 65, wo vis-à-vis vom Hotel **Mirador** ein Thermalbad mit 30–40° warmem Wasser an die Anfänge des Tourismus auf Kuba erinnert. Städtisch wird es dann am Ende der Autobahn, in der Provinzhauptstadt ❺ **Pinar del Río** ➤ S. 64. Am Infoturstand im Hotel **Vueltoabjabo** kannst du dir eine Landkarte und Tipps für deinen Aufenthalt in dieser Provinz holen, z.B., wann die Busse nach María La Gorda fahren. Vergiss nicht, dir die zahlreichen Schnecken und naturkundlichen Fundstücke im **Museo de Ciencias Naturales** im Palacio Guash anzuschauen. Praktisch: Das beste private Restaurant, der **Paladar El Mesón** ➤ S. 65, liegt gleich gegenüber.

Das Valle de Viñales ist ein ideales Wanderrevier

IM GRÜNEN TAL DER KALKBERGE

Von Pinar del Río bist du in knapp einer halben Stunde im berühmten **6 Valle de Viñales** ➤ S. 66. Wow! Die Landschaft mit den eigenartigen Kalkriesen wird dich schon bei der Einfahrt faszinieren. Halt gleich mal im Centro unten im Dorf, wo du leicht eine gute *casa particular* für die kommenden beiden Nächte findest. Versuch's mal im **Hostal de Gloria** *(C/ Orlando Nodarse 15 | Tel. 54 08 29 46 | €)*. Nutze deinen Aufenthalt unbedingt für eine Wanderung oder einen Ausritt. Einen Guide *(3 Std. | 250 CUP)* bekommst du im **Museo Municipal** *(Mo–Sa 8–22, So 8–16 Uhr | Salvador Cisneros 115 | Tel. 48 79 33 95)*. Einige *casas*, z. B. die **Casa Tito Crespo** *(3 Zi. | Las Maravillas 58 | Tel. 52 45 31 15 | nauryc@prince sa.pri.sld.cu | €)* haben ihren Gästeführer gleich im Haus: Sohn Diosnel Crespo ist ausgebildeter Guide und begibt sich gern auf weniger ausgetretene Pfade, auch zu Pferd. Die Ausflüge beginnen meist um 7 Uhr morgens, wenn letzte Bodennebel die Mogotes umwabern, die Luft noch frisch ist und die Blüte der *Varita de San José* noch weiß leuchtet (abends wird sie rosa!). Über rote Erde geht es bei schnell aufsteigender Sonne vorbei an Tabakfeldern zu den einfachen Höfen

25 km ½ Std.

6 Valle de Viñales

der Tabakbauern und über schmale Pfade am Fuß hoch aufragender Kalkriesen. Du erfährst viel über traditionelle Agrarpflanzen wie Mais (oft im Mischanbau mit Bohnen), Süßkartoffeln oder Ananas, über tropische Büsche und Bäume wie den Kalebassen- oder Sandbüchsenbaum und einheimische Pflanzen wie die *Ceibón de la Sierra de los Órganos*. Nur die berühmte endemische Korkeiche ist inzwischen so selten, dass sie nur noch im Museum (s. o.) zu sehen ist.

TAG 4–5

59 km 1¼ Std.

7 Cayo Levisa

144 km 2¾ Std.

1 Havanna

Ein Badetag würde die Route nun rund machen? Dann buch doch mal bei **Infotur** *(tgl. 8–20 Uhr | C/ Salvador Cisneros 63 B | Tel. 48 79 62 63 | infotur.cu)* oder einer Hotelagentur eine Übernachtung in der **Villa Cayo Levisa** *und fahr am nächsten Morgen spätestens um 8 Uhr los, um rechtzeitig um 9.30 Uhr am Fährhafen Palma Rubia zu sein.* Auf der Insel **7 Cayo Levisa** ➤ S. 69 erwarten dich ein herrlicher Strand und ein großartiges Tauchrevier. So kannst du dich später erholt auf die *Rückfahrt auf der Carretera Panamericana über Bahía Honda und den neuen Containerhafen Mariel (Boca) nach* **1 Havanna** *machen.*

INSIDER-TIPP
Ins Wasser!

Valle de Viñales: Raum ist in der kleinsten Hütte

2 ZU DEN CAYOS UND PLAYAS AN DER NORDKÜSTE

➤ Vorbei an Kuhweiden, Zuckerrohr- und Bananenplantagen
➤ Übers Meer fahren und Traumstrände entdecken
➤ Die zweitgrößte Stadt Kubas kennenlernen, ohne sich zu verirren

Playa Santa Lucía

Playa Santa Lucía

675 km

4 Tage, reine Fahrzeit 12 Stunden

Kosten: ca. 300 Euro für Benzin, Unterkunft, Essen und Überfahrt auf dem *pedraplén* plus ca. 250 Euro für Mietwagen

Mitnehmen: Fernglas, Badesachen, Trinkwasser, kubanische Pesos für Einkäufe an Frucht- und Imbissständen Pass(kopie) und 40 CUP für die Überfahrt auf dem Damm nicht vergessen!

ALLES HAT EIN ENDE, NUR DIESE TOUR HAT ZWEI

Du bist gerade in Playa Santa Lucía ➤ S. 91? Dann reservier dir für zwei Nächte ein Zimmer im **Aparthotel Azul** *(Ctra. a Cayo Guillermo km 1,5 | Tel. 33 30 12 78 | islazul.cu | €€)*, damit du auf Cayo Coco nicht ohne Unterkunft bist. Für die gleiche Tour in umgekehrter Fahrtrichtung – wenn du also gerade auf Cayo Coco ➤ S. 87 bist – reservier dir in Playa Santa Lucía ein Zimmer, z. B. in der *casa particular* **Casa Mar Verde** *(2 Zi. | am Ortseingang | Tel. 0 54 04 41 44 | €)*, und folg dann dieser Route in umgekehrter Reihenfolge.

ZUCKERROHR UND BANANENHAINE

TAG 1–2
1 Playa Santa Lucía
214 km 4 Std.

Auf geht's von **1 Playa Santa Lucía** Richtung Camagüey, aber Achtung: *Schon nach ca. 44 km musst du rechts nach San Miguel de Bagá und Nuevitas abbiegen und beim „punto de control" (nur 40 km/h fahren!) weiter geradeaus fahren.* Nun bist auf der wenig befahrenen küstennahen Straße, die über Sola und Esmeralda nach

Morón führt. Kühe, Zuckerrohr- und Bananenfelder begleiten deine Fahrt, Bahnübergänge erinnern an die frühere Bedeutung der Region als Zuckerrohrland, zum Trocknen ausgelegter Reis weist auf Pflanzungen im Hinterland hin. Darüber spannt sich ein hoher karibischer Himmel. Hunger? Mit etwas Glück kriegst du im Parador Batán *(24 Std. geöffnet)* kurz vor Morón Huhn mit Reis *(arroz con pollo)*. Oder du isst in ❷ Morón ➤ S. 89 zu Mittag. Dann kannst du dir dort gleich noch den schönen alten Bahnhof anschauen.

❷ Morón
58 km 1 Std.

ÜBERS WASSER FAHREN

❸ Cayo Coco
33 km ¾ Std.

Denk dran, dass es um 19 Uhr dunkel wird, also fahr nicht zu spät nach ❸ Cayo Coco los. Die Fahrt bis zur Schranke am *pedraplén,* dem 17 km langen Damm zur Inselgruppe Jardines del Rey ➤ S. 87, zu der Cayo Coco gehört, dauert ca. 20 Minuten. Dort musst du deinen Reisepass und deine Hotelreservierung zeigen und 20 CUP Maut bezahlen (bei der Rückkehr ebenfalls). Die Fahrt übers Meer ist dann ein unvergessliches Erlebnis! Rechts und links wogen die Wellen, Flamingoschwärme ziehen über dir hinweg, und salzhaltige Luft füllt deine Lungen. Halt doch mal bei dem hübsch mit Palmblättern gedeckten Infostand und genieß den phantastischen Rundblick; manchmal gibt's hier auch eine Karte mit dem Lageplan der Hotels und Strände auf den Cayos. Der schönste liegt ganz am Ende von ④ Cayo Guillermo, das seinerseits durch einen befahrbaren Damm mit Cayo Coco verbunden ist: die Playa Pilar mit traumhaft klarem Wasser, puderfeinem, weißem Sand und der kleinen Insel Media Luna gegenüber. Ein Tag im XL-Komfort-Beach-Bed am Strand kostet 200 CUP (drei Drinks inkl.), ein einfacher Liegestuhl 50 CUP. Im Restaurant gibt's Drinks und kleine Speisen (auch Meeresfrüchte). So lässt sich's aushalten!

④ Cayo Guillermo

211 km 4 Std.

WIE DAS WIENER SCHNITZEL NACH KUBA KAM

TAG 3

Genug von Strand und Natur? Dann kommt dir eine Rückfahrt via Camagüey sicherlich gerade recht. *Dafür fährst du zurück nach Morón und von dort weiter in die Provinzhauptstadt Ciego de Ávila, wo du auf die Carretera Central kommst.* Gut stärken kannst du dich unterwegs in ⑤ Florida in der Cafeteria Caney. Zumal die Einfahrt nach ⑥ Camagüey ➤ S. 89 danach deine ganze Konzentration erfordert. Denn es ist nicht nur die

⑤ Florida

40 km ¾ Std.

⑥ Camagüey

Das Badewasser ist eingelassen: karibisches Strandfeeling auf Cayo Guillermo

zweitgrößte Stadt Kubas, sie wurde zum Schutz vor Piraten auch noch besonders verwirrend angelegt. Aber das kann dich natürlich nicht erschüttern, *du folgst einfach den Wegweisern zur Plaza San Juan de Dios.* Nur zwei Ecken weiter, in der Calle Lugareño 121 (zw. San Rafael und San Clemente), liegt dann dein Quartier: die **Casa Austria** ➤ S. 91, nicht zu übersehen wegen der gehissten Fahnen vor dem Eingang. Inhaber Josef Leopold stammt aus dem Salzburger Land und ist in seiner kubanischen Wahlheimat eine bekannte Persönlichkeit: Als Jurist vertrat er schon den örtlichen Schriftstellerverband. Und mit seinem schnuckeligen *Café Sissi* und dem angeschlossenen putzigen Patio-Restaurant (erstklassiges Gulasch!) schoss er den Vogel ab – also warum nicht mal österreicheln auf Kuba?

TAG 4

117 km 2 Std.

❶ Playa Santa Lucía

Aus Camagüey hinaus und weiter Richtung **❶ Playa Santa Lucía** *kommst du dann ziemlich einfach Richtung Nordosten über die Avenida Carlos J. Finlay.* Hingucker und Haltemöglichkeit ist unterwegs noch der 24 Stunden geöffnete **Parador Santa Isabel** mit den Ruinen einer Zuckerfabrik.

Mut zur Farbe: restaurierte Hausfassade in Camagüey

③ DEN ANFÄNGEN AUF DER SPUR: RUNDREISE AB COSTA ESMERALDA

- Auf den Spuren Fidel Castros
- Abenteuerliche Straßen in Kubas wildem Osten
- Zu Besuch bei den Taíno: alte Friedhöfe und ein nachgebautes Dorf

Holguín

Holguín

800 km

6 Tage, reine Fahrzeit 14 Stunden

Kosten: ca. 460 Euro für Benzin, Unterkunft, Essen, Eintrittsgelder, Guide für die Wanderung, plus ca. 300 Euro für den Mietwagen
Mitnehmen: Badesachen, Picknick, Regenjacke, gutes Schuhwerk, Passkopie, kubanische Pesos für Einkäufe
Von Baracoa bis Moa 70 km schlechte Straße (z. T. nur Schritttempo möglich); ratsam ist ein Mietwagen mit Allradantrieb
Wanderung auf den Berg El Yunque bei ⑤ **Baracoa**
Gehzeit 8 Std.

KINDHEITSORT EINES REVOLUTIONÄRS

Du wohnst in einem der Ferienresorts zwischen Guardalavaca und Playa Pesquera? *Eine gute breite Straße bringt dich von dort zur Umgehungsstraße in* ① **Holguín** ➤ S. 96, *in die du links einbiegst, um dann wiederum links die Ctra. de Mayarí (123) bis Barajagua zu nehmen, wo du nun weiter rechts nach Loynaz Hecheverría fährst. Nach ca. 10 km zeigt ein Schild nach* ② **Birán** ➤ S. 99 *(Achtung: holperiger Zubringer).* Um zur **Finca Las Manacas**, dem ehemaligen Landgut der Castros zu kommen, in dem die Brüder aufwuchsen, musst du den kleinen Ort hügelauf umfahren. Erkundige dich vorher, ob die Finca wieder geöffnet ist. Dich hat der Besuch nachdenklich gestimmt? Dann wirst du die Weiterfahrt auf der wenig befahrenen Straße am Fuß der links aufsteigenden Berge sehr genießen (aber dabei nicht vergessen, auf Schlaglöcher zu achten!).

DIE METROPOLE DES OSTENS

③ Santiago de Cuba

Ab Julio Antonio Mella geht's dann wieder flott voran: auf der die A1 bis ③ **Santiago de Cuba** ➤ S. 99. Hier ist Fidel Castro zur Schule gegangen. Im Gang gleich hinter dem Eingang des ehemaligen **Jesuitenkollegs** *(tgl. 8–20 Uhr | Spende 25 CUP)*, das rechts neben der Kirche Dolores an der Plaza de Dolores liegt, siehst du ihn als Schüler auf alten Fotos. Gewohnt hat er damals bei einer haitianischen Familie in der Calle General Jesús Rabí Nr. 6 im alten französischen Immigrantenviertel Tivoli. Auf dem Weg in diese legendäre Straße kommst du über den zentralen **Parque Céspedes**. Siehst du den blauen Balkon am Rathaus? Dort verkündete Fidel Castro am Abend des 1. Januar 1959 den Sieg der Revolution. An der Westseite des Platzes beschwören maurische Lüftungsgitter an der **Casa de Velázquez** ➤ S. 100, dem ältesten Haus Kubas, tiefste Kolonialzeit. Der Eroberer und erste Gouverneur Kubas, Diego Velázquez de Cuéllar, starb hier 1524. Um am Ende noch das **Grab von Fidel Castro** auf dem *Cementerio Santa Ifigenia (tgl. 8–18 Uhr | Eintritt 1, mit Fotoerlaubnis 2 US $/Euro | Av. Crombet)* besuchen zu können und auch noch ein Tänzchen in der berühmten Musikkneipe Casa de la Trova zu wagen, solltest du unbedingt zwei Nächte in Santiago verbringen, z.B. im Las Américas *(hotel-las-americas.galahotels.com)* nahe der Autobahn.

AN GUANTÁNAMO VORBEI IN DIE BERGE

TAG 3-4

120 km 2 Std.

Denn Santiago de Cuba verlässt du am Morgen über die A1. Nach wenigen Kilometern allerdings biegst du auf die Landstraße nach El Cristo, Alto Songo und La Maya ein und kommst so auf die Autobahn nach Guantánamo, das du – immer den Schildern Richtung Baracoa folgend – in seinen Außenbezirken durchfährst und so automatisch auf die Landstraße Richtung Baracoa kommst. Die Straße führt küstennah durch eine karge Landschaft mit Karsthügeln. Gerade richtig für eine Pause, geleitet dich ein Schild zu dem auf einem Hügel gelegenen ④ Mirador La Gobernadora ➤ S. 109. Oben weht ein frischer Wind, und du kannst die Bucht von Guantánamo durch Fernrohre studieren, allerdings ohne viele Einzelheiten zu erkennen. Immerhin gibt's am Mirador etwas zu essen und zu trinken, *und so geht's frisch gestärkt weiter auf der schier endlosen Küstenstraße, bis diese einen Bogen in die Berge zur Passstraße Farola macht.* Bremsen ok? Dann rauf ins Gebirge! Unvorstellbar, dass auf diesen engen, steilen Serpentinen früher Radrennen gefahren wurden. Da kommt die regionale Spezialität, die mitunter am Straßenrand angeboten wird, wie eine rettende Energiebombe daher: die kegelförmig in Palmblätter gewickelte süße Leckerei aus Kokosnuss, Guave, Ananas, Orange und Zucker heißt *cucurucho*.

④ Mirador La Gobernadora

119 km 2 Std.

GIPFELGLÜCK UND SCHOKOLADE

⑤ Baracoa

Die Farola endet in ⑤ Baracoa ➤ S. 107, das im Rücken vom Tafelberg El Yunque (575 m) überragt wird. Als Diego de Velázquez hier landete und mit Baracoa die erste Stadt auf Kuba gründete (1511), war der Berg noch ein Kultplatz der indigenen Ureinwohner. Ein tolles Erlebnis, wenn du dich vier Stunden lang hinaufgearbeitet hast und dann oben stehst! Den Ausflug kannst bei Infotur *(Calle Maceo 129 | Mo–Sa 8.30–16.45 Uhr | Tel. 21 64 17 81 | cubatravel.cu)* buchen. Baracoas familiäre Atmosphäre mit seinen vielen *casas particulares* wird dir gleich gefallen. Traveler aus aller Welt treffen sich am Wlan-Hotspot vor der **Kathedrale**, wo eine Büste des Taíno-Häuptlings Hatuey den ersten Widerstandskämpfer Amerikas ehrt. Probiere unbedingt den guten Kakao der Region in der **Casa del Cacao**, bevor du Baracoa wieder verlässt. Die von Che Guevara 1963 gegründete Schokoladenfabrik steht am Ortsausgang von Baracoa Richtung Moa; an Kilometer 22 liegt das wunderschöne Strandhotel **Villa Maguana** *(gaviota-grupo.com)*.

TAG 5

202 km 4 Std.

ENDLICH ANS MEER

Wird die Straße schlechter? Bis zum Infozentrum des **Humboldt-Nationalparks** ➤ S. 109 wirst du es bestimmt noch schaffen. Vielleicht ist ja gerade der nette junge Ranger da, den alle nur El Indio nennen, weil er wie ein Taíno aussieht. Er erklärt dir gerne die Besonderheiten des Parks. Nun bist du schon so weit gekommen. Sollte es in den letzten Tagen stark geregnet haben, dann kehrst du besser um, weil das kommende Stück Straße dann kaum noch befahrbar ist. Es hat nicht geregnet, und du bist mit einem Jeep unterwegs? Umso besser, dann weiter! Schöne Ausblicke auf Buchten, Flussmündungen und Kegelberge entschädigen für die Mühe. Kurz vor Moa hast du es dann geschafft: *Ab hier geht es auf guter Straße weiter entlang der buchtenreichen Küste bis zur Abzweigung zum* ❻ **Cayo Saetía** ➤ S. 98 mit dem **Hotel Villa Cayo Saetía** *(villacayosaetia.com)*. Die Insel liegt vor der großen Bahía de Nipe, deren Küste vor der Revolution von der US-amerikanischen United Fruit Company für den Bananenanbau genutzt wurde (s. Lesetipp S. 134 , „Telex aus Kuba").

INSIDER-TIPP
Infos von El Indio

❻ Cayo Saetía

TAG 6

96,5 km 2 Std.

❼ Banes

UND NOCHMAL FIDEL ...

Und ein letztes Mal geht es über eine grottenschlechte Straße via Antilla nach ❼ **Banes** ➤ S. 98, die einem aber wenigstens den Umweg über Bajagua und Báguano erspart. In dem kleinen Ort mit der heute verfallenen United-Fruit-Anlage im Außenbezirk heiratete der

Ringelpietz mit Anfassen: lebensgroße Figuren in der Aldea Taína bei Banes

junge Großgrundbesitzerssohn Fidel Castro 1948 standesgemäß die Tochter des Bürgermeisters. Und sein späterer Todfeind, der ebenfalls aus Banes stammende Diktator Fulgencio Batista, war sogar unter den Gratulanten! 1955, nach Castros Wandlung zum schärfsten Kritiker Batistas, wurde die Ehe geschieden. Aber interessanter als die Traukirche von Castro ist das schräg gegenüber gelegene **Museo Indocubano Baní**. Zu sehen gibt es zwar nur eine kleine Auswahl der unzähligen archäologischen Funde aus dieser Region, aber schon die winzige, goldene Taíno-Schönheit wird dich begeistern. Eine der wichtigsten Fundstätten war ein großer Friedhof mit Taíno-Skeletten, von denen heute ein kleiner Teil im **Museo Chorro de Maíta** nahe der Straße nach Guardalavaca zu sehen ist. Gegenüber liegt das künstliche Taínodorf **Aldea Taína**, aber das hast du vielleicht schon im Rahmen eines Ausflugs von deinem Ferienresort aus gesehen. Letzteres hast du dann via Guardalavaca schnell wieder erreicht. *Gute Straßen bringen dich am Ende eines langen Tages zurück nach* ❶ **Holguín**.

95,5 km 1½ Std.

❶ Holguín

GUT ZU WISSEN

DIE BASICS FÜR DEINEN URLAUB

ANKOMMEN

ANREISE

Bevor du den Flug nach Kuba antrittst, musst du dich online (innerhalb von 48 Std. vor dem Check-In) unter *dviajeros.mitrans.gob.cu* registrieren. Zur Einreise benötigst du einen noch mindestens 6 Monate gültigen Pass (Kinder brauchen einen Kinderpass), den schriftlichen Nachweis einer Auslandskrankenversicherung in spanischer Sprache (schickt dir deine Versicherung) und die Touristenkarte (25 Euro).

INSIDER-TIPP
Direkt bei der Airline

Wenn du die Touristenkarte nicht schon vom Veranstalter bekommen hast, kannst du sie z.B. bei Condor oder Eurowings auch direkt vor Abflug am Airline-Schalter kaufen. Der Flug nach Kuba dauert 10–11 Stunden (zurück geht's je nach Rückenwind bis zu eine Stunde schneller). In Kuba kannst du an Bankschaltern am Flughafen gleich ein paar Euros in CUP tauschen (nicht zu viel – schlechter Kurs!). Die Taxifahrt vom Flughafen nach Havanna kostet 35 US $ bzw. Euro.

– 6 Stunden Zeitverschiebung

Ausnahmen: vom 2. bis zum letzten So im März und vom letzten So im Okt. bis zum 1. So im Nov. 5 Std.

KLIMA & REISEZEIT

Du kannst auf Kuba im Winter (Nov.–März) mit viel Sonne und einer angenehmen Wärme (26–30 Grad) rechnen; April/Mai, wenn die Regenzeit beginnt, wird es schwüler und heißer mit oft heftigen, aber kurzen Regengüssen. Ab August bis Oktober kann es dann zu Hurrikanen kommen (we-

Naive Kunst am Bau: Wandbild in Baracoa

Adapter Typ A

Bei häufigem Quartierwechsel ist ein variabler A+B+L-Adapter sinnvoll *(welt-steckdosen.de/kuba)*. Meist aber wird man Adapter A (USA-Flachstecker) benötigen. Netzspannung: 110/220 V, 60 Hz

gen der herumfliegenden Teile dann auf keinen Fall ins Freie gehen!).

WEITER-KOMMEN

MIETWAGEN

Internationale Leihfirmen sind auf Kuba nicht vertreten, das Mindestalter für eine Automiete ist 21 Jahre. Am sichersten reservierst du dir den gewünschten Mietwagen etwa vier Wochen vor deiner Anreise beim Spezialverstalter. Ein Kleinwagen kostet für 5 Tage ab etwa 80 Euro pro Tag. Dazu kommen 10 Euro Versicherung pro Tag und – gegebenenfalls 3 Euro/Tag, wenn ihr noch einen zweiten Fahrer eintragen lassen wollt. Eine gute Sache, wenn man sich abwechseln kann, denn wegen der manchmal schlechten Straßenverhältnisse kann Fahren auf Kuba sehr anstrengend sein.

Wie international üblich, musst du eine Sicherheit hinterlegen (Kreditkartenabzug) und häufig auch die erste Tankfüllung gleich bezahlen (quittieren lassen!). Prüf unbedingt, ob das Ersatzrad passt – falls nicht, wirst du evtl. später für ein passendes zur Kasse gebeten. Du musst evtl. unterwegs auch eine Inspektion machen lassen und das Auto dafür zu einer Zweigstelle des Vermieters bringen –

wenn du das versäumst, droht dir ein Bußgeld *(multa)*. Bei einer Reifenpanne lässt du den kaputten Reifen einfach beim nächsten *gomero* für etwa 15 Euro reparieren (die Kubaner zahlen dafür natürlich viel weniger). Die Strafen für Verkehrsdelikte werden in die Mietwagenpolice eingetragen – niemals an Polizisten direkt zahlen!

ÖFFENTLICHE VERKEHRSMITTEL

Die klimatisierten Busse von *Viazul* verkehren zwischen allen größeren Städten – wenn's nicht an Benzin mangelt oder keine Tickets per Kreditkarte gekauft werden können, weil der Strom fehlt. Wartezeiten bis zu drei Stunden sind normal. Die Fahrt von Havanna nach Varadero z. B. kostet 10 US $/Euro. Preise und Routen: *viazul.wetransp.com*. Busbahnhof Havanna: *Av. de la Independencia | Tel. 78 83 60 92*. Wer sicher sein will, an einem bestimmten Tag zur festen Zeit transportiert zu werden, kann Tickets bei einem Veranstalter wie *aventoura.de* buchen. Unter dem Motto *Conectando Cuba* (Kuba verbinden) verkehren außerdem moderne Busse zum gleichen Preis wie die *Viazul*-Busse zwischen diversen Hotels auf Kuba. Frag an der Rezeption! In touristischen Orten wie Viñales, Havanna, Varadero oder Trinidad verkehren Hop-on-Hop-off-Sightseeing-Busse für 5–10 US $/Euro.

TAXI

Die goldene Regel: Immer vor Antritt der Fahrt den Preis erfragen und evtl. handeln! Günstig für kurze Strecken sind Fahrradtaxis *(bicitaxi)* und Sammeltaxis *(taxis colectivos)*, die auf festen Routen verkehren. Feste Tarife gelten für Fahrten von und zu Flughäfen, z. B. in Havanna zzt. 35 US $/Euro.

EISENBAHN

Das Schienennetz Kubas ist ca. 8200 km lang; zzt. wird an seiner Verbesserung gearbeitet. Neue Fernzüge mit Waggons aus China und russischen Lokomotiven sind bereits da. Sie bieten eine klimatisierte 1. Klasse und ein Bistro, Wlan soll dank eines zweiten Unterwasserglasfaserkabels zwischen Kuba und Martinique bald dazukommen. Die weiteste Fahrt (Havanna–Guantánamo) kostet 69 CUP (ca. 20 Std.). *portal.ferronet.cu*

INLANDSFLÜGE

Um für einen Inlandsflug einen Platz zu ergattern, muss man mindestens vier Wochen im Voraus buchen. Besonders gefragt ist die Strecke Havanna–Santiago (800 km Luftlinie); Hin- und Rückflug mit Cubana ab 290 Euro. Büro der *Cubana de Aviación (C/ 23 Nr. 64, Ecke C/ Infanta | Vedado | Havanna | Tel. 78 34 44 46 | cubana.cu)*

IM URLAUB

FEIERTAGE

1. Jan.	Tag der Befreiung
28. Jan.	Geburtstag José Martí
24. Feb.	Gedenktag für den Unabhängigkeitskrieg
8. März	Internat. Frauentag
März/April	Karfreitag
19. April	Sieg an der Schweinebucht

FESTE & EVENTS

RUND UMS JAHR

JANUAR

FolkCuba: Festival der mannigfaltigen Folklore Kubas in Havanna

MÄRZ

Festival de la Trova in Kubas Musikmetropole Santiago de Cuba

MAI

Romerías de Mayo: buntes Kulturfest katholischen Ursprungs mit vielfältigen Umzügen in Holguín

JUNI

Festival del Chagüi: Festival für afrokubanische Musik in Guantánamo

Karneval in Camagüey, Trinidad und Varadero – findet meist an den letzten Wochenenden des Monats statt

JULI

Festival del Caribe: farbenfrohe Umzüge mit Musik und Tanz in Santiago de Cuba; Ende des Monats folgt der Höhepunkt mit dem **Karneval,** der ausgelassen gefeiert wird

JULI/AUGUST

Karneval in Havanna: Maskeraden, Umzüge, Musik, Tribünen

SEPTEMBER

Nuestra Señora de la Caridad del Cobre: Wallfahrt zur Iglesia von El Cobre am Namenstag der Schutzpatronin Kubas (8. Sept.)

OKTOBER

Festival de Teatro de la Habana: Theaterfestival in Havanna (alle 2 J., 2021 etc.); *cubaescena.cult.cu*

NOVEMBER

Bienal de la Habana: Die 15. Kunst-Biennale beginnt Nov. 2023 und dauert 6 Monate; *@bienaldelahabana*

DEZEMBER

Festival Internacional del Nuevo Cine Latinoamericano: Filmfestival in Havanna; *habanafilmfestival.com*

Parrandas: karnevalartige Umzüge in Remedios (16. und 24.)

1. Mai	Tag der Arbeit
26. Juli	Tag des Sturms auf die Moncada-Kaserne
30. Juli	Tag der Märtyrer der Revolution
8. Okt.	Gefangennahme Che Guevaras
10. Okt.	Beginn des ersten Unabhängigkeitskriegs
28. Okt.	Verschwinden Camilo Cienfuegos'
25. Dez.	Weihnachten
31. Dez.	Silvester

INTERNET & WLAN

Kubas Internet ist schneller geworden. Treffpunkte zum Internetsurfen sind die WLAN-Hotspots, meist in öffentlichen Parks. Die staatliche Telefongesellschaft *Etecsa* verkauft Internetzugangskarten (ab 1 US $/Euro pro Std.). Wer nicht via Smartphone, sondern via PC ins Internet will, findet in den *Etecsa*-Büros Terminals.

POST

Briefmarken gibt's häufig gleich mit den Postkarten in den Läden oder direkt auf den Postämtern. Luftpostkarte nach Europa: 24 CUP.

PRIVATQUARTIERE

Casas particulares (Privathäuser) sind eine günstige Alternative zu staatlichen Hotels und ermöglichen familiären Kontakt. Adressen und Infos: *holacuba.de, cubacasas.net, casaparticularcuba.org*. Auch via *airbnb.de* sind Privatquartiere und Apartments inzwischen buchbar. Bewertungen findest du unter „Pensionen" bei *tripadvisor.de*. Vor Ort erkennbar sind *casas particulares* an einem weißen Schild mit einem dunkelblauen Anker, das meist am Türeingang klebt.

SPEZIALVERANSTALTER

Kubanischer Herkunft ist der Veranstalter *Tropicana (Spreeufer 6 | 10178 Berlin | Tel. 030 30 87 43 30 | tropicana-touristik.de)*. Für seine guten Kuba-Programme schon prämiert wurde *avenTOURa (Rehlingstr. 17 | 79100 Freiburg | Tel. 0761 2 11 69 90 | aventoura.de), Büro Havanna: Lonja del Comercio de la Habana, Büro J, 2 Stock | C/Lamparilla 2 | Mo–Fr 9.30–18, Sa 10–13 Uhr | Tel. 78 01 14 12 | info@aventoura.cu)*. Ein Büro in Havanna betreibt auch der Schweizer Kubaspezialist *Caribbean Tours (Av. Paseo 606 | zw. C/ 25 und 27 | Vedado | Tel. 78 34 42 51)*. Wanderungen und Trekkingtouren kann man gut bei *wikinger-reisen.de* buchen, begleitete Fahrradtouren u. a. bei *Sprachcaffe Studienreisen (Gartenstr. 6 | 60594 Frankfurt | Tel. 069 61 09 12 25 | sprachcaffe-reisen.de)*. Spezialist u. a. für Tanzkurse ist *Danza y Movimiento Reisen (Viamas GmbH | Kleine Rainstr. 3 | 22765 Hamburg | Tel. 040 34 03 28 | dym-travel.com)*.

SPRACHE

Wenn dir das hiesige Spanisch spanisch vorkommt, kein Wunder: Die Kubaner lieben genuschelte Bandwurmsätze. Also nachhaken und fragen. Ein Tipp: *nachkubareisen.de/kuba-sprache*.

TELEFON

Die internationale Vorwahl für Kuba ist 0053. Willst du von Kuba nach Hause telefonieren, musst du vor der Landeskennzahl die 119 vorwählen (Deutschland 11949, Österreich

11943, Schweiz 11941). Willst du innerhalb Kubas von einer Provinz in eine andere telefonieren, musst du 01 vorwählen, für Havanna allerdings nur die 0 und auch für Telefonate innerhalb einer Provinz die 0. Handynummern beginnen mit 5 und können von einem anderen Handy direkt angewählt werden (vom Festnetz mit 01 als Vorwahl). Europäische Handys schalten automatisch auf den Roamingpartner Cubacel um. Bei Cubacel gibt es auch Prepaid-Chips; Einrichtungsgebühr 40 US $ inkl. Guthaben von 10 US $ (Pass mitnehmen!). *etecsa.cu*

TRINKGELD

Wo Kubaner Urlaub machen (z.B. in staatlichen Hotels), wird selten Trinkgeld erwartet; schon 1 Euro/US $ bewirkt da oft dankbare Fürsorge. In privaten Restaurants werden 10 Prozent des Rechnungsbetrags erwartet.

WÄHRUNG

Die Landeswährung *(moneda nacional)* ist der kubanische Peso (CUP). Für den Einkauf in den Devisenläden und auch bei vielen touristischen Leistungen benötigst du eine Kreditkarte, die nicht von einer US-amerikanischen Bank sein darf, oder eine MLC-Prepaid-Karte (MLC = *Moneda Libremente Convertible*). Die gibt es in den Wechselstuben *(cadecas)*; die haben sich mittlerweile beim Umtausch von US $ oder Euro in CUP dem informellen Geldmarkt angepasst und zahlen offiziell 120 CUP für 1 US $ oder Euro anstatt des offiziellen Kurses von 25 CUP pro US $/Euro. Es ist deshalb günstig, Euros in bar mitzubringen und vor Ort in der *cadeca* umzutauschen. CUP vor der Abreise aufbrauchen, sie werden am Flughafen nicht zurückgetauscht! An einigen Geldautomaten kannst du mit deiner Visa- und Mastercard-Kreditkarte auch kubanische Pesos ziehen. Bei Redaktionsschluss war 1 Euro offiziell 28 CUP wert, in den *cadecas* von Varadero 120 und auf dem informellen Markt 193 CUP (Info: *eltoque.com*).

ZOLL

Einführen darfst du Gegenstände für den persönlichen Bedarf, aber keine elektrischen Haushaltsgeräte. Nicht ausführen darfst du über 50 Jahre alte kubanische Bücher, Langusten und Kunst, es sei denn, du kannst eine gestempelte Ausfuhrgenehmigung vorlegen; Kaufbeleg und Echtheitszertifikat benötigst du bei der Ausfuhr von mehr als 50 Zigarren. Weiteres Infos: *aduana.gob.cu*. Auf der Rückreise nach Europa darfst du 200 Zigaretten oder 100 Zigarillos oder 50 Zigarren oder 250 g Tabak, 1 l Spirituosen oder 2 l Alkohol und Getränke mit einem Alkoholgehalt von max. 22 % sowie außerdem Waren im Wert von bis zu 430 Euro zollfrei einführen.

NOTFÄLLE

DIPLOMATISCHE VERTRETUNGEN

DEUTSCHE BOTSCHAFT
C/ 13 No. 652/B | Vedado | Havanna | Tel. 78 33 25 69 | Notfalltel. (bis 24 Uhr) 0 52 80 59 42 | havanna.diplo.de

ÖSTERREICHISCHE BOTSCHAFT
5ta Av. A Nr. 6617, Ecke Calle 70 | Miramar | Havanna | Tel. 72 04 28 25 | Notfalltel. 0528 5 48 89 | bmeia.gv.at/oeb-havanna

SCHWEIZER BOTSCHAFT
5a Av. 2005, zw. Calle 20 und 22 | Miramar | Havanna | Tel. 72 04 26 11 | eda.admin.ch/havana

WAS KOSTET WIE VIEL?

Taxi	9 Euro (ca. 10 km) in Varadero
Kaffee	1,20–1,80 Euro *für einer Tasse café cubano*
Liegestuhl	ca. 8,50 Euro *für 8 Std.*
Bocadillo	6,50 Euro *Brötchen mit Spanferkel*
Benzin	1,10 Euro *für 1 Liter Especial*
Mojito	4,50 Euro als Drink *in der Bar*

GESUNDHEIT

Impfungen benötigst du offiziell keine. Dennoch wird zu Impfungen gegen Diphtherie, Hepatitis A und Tetanus sowie zu Mückenschutz (Dengue-Fieber!) geraten *(fit-for-tra vel.de)*. Benötigte Medikamente solltest du in ausreichender Menge mitbringen. In großen Hotels gibt es meist einen Arzt, in Varadero eine internationale Klinik. Im Notfall frag bei der Botschaft nach. Behandlungen musst du bar in US $ oder Euro zahlen; die Rechnung reicht man dann bei der Auslandskrankenversicherung ein, die man für die Einreise nach Kuba braucht.

NOTFALLNUMMERN

Wähl 106 für die Polizei, 104 für den Notarzt und 105 für die Feuerwehr. Der zentrale Sperrnotruf beim Verlust einer Kreditkarte ist 11 61 16, mit der jeweiligen Landesvorwahl, z.B. für Deutschland: 11949.

WICHTIGE HINWEISE

SICHERHEIT

Lange war Kuba das sicherste Reiseland Südamerikas. Seit sich die soziale Schere durch erfolgreiche Selbstständige weit geöffnet hat, sind auch auf Kuba Diebstahlsdelikte häufiger geworden, sogar von vereinzelten Überfällen auf Touristen wird berichtet. Vorsicht in einsamen Gegenden und bei Schleppern, die z. B. Privatquartiere empfehlen! Aktuelle Hinweise: *auswaertiges-amt.de*

STRASSENVERKEHR

Auf Kuba musst du auf ein paar Besonderheiten vorbereitet sein. Weit verbreitet ist z. B. das Fahren auf der Überholspur, um Kutschen, Fahrrädern, Fußgängern oder anderen Hindernissen auszuweichen. Das Straßennetz ist in die Jahre gekommen, Vorsicht also vor Schlaglöchern! Auf Landstraßen sind max. 80, auf der Autobahn 100, innerorts 50 km/h erlaubt.

Punto de Control heißt Kontrollpunkt; beim Passieren auf 40 km/h heruntergehen! Beim Parken immer gesicherte Plätze *(parqueos)* oder einen Aufpasser suchen (und bezahlen). Unfälle oder Diebstähle müssen polizeilich erfasst werden. Lass dir eine Kopie des Protokolls geben, und notier den Namen des Polizisten. Große Risiken bergen Nachtfahrten, da Personen, Tiere und unbeleuchtete Fahrzeuge unterwegs sein können. Wer zu schnell fährt, kann eine Strafe *(multa)* bekommen. Die Polizei darf kein Geld kassieren, sie muss die Strafe im Mietwagenvertrag eintragen. Die Summe wird dann bei der Endabrechnung des Mietwagens einbehalten. Bei Unfällen mit Personenschäden muss ein Tourist so lange im Land bleiben, bis die Genesung des Verletzten absehbar ist oder dessen Arztrechnung beglichen wurde. Achtung: Du darfst keinen Alkohol im Auto haben.

Die „Servi"-Stationen sind meist Tag und Nacht geöffnet, was aber nicht heißt, dass auch immer Benzin da ist. Der Liter *especial* (Super) kostete bei Redaktionsschluss 30 CUP. Bezahlt werden muss meist bar, auch wenn die Tankstelle mit Kreditkartenaufklebern bestückt ist.

TOILETTEN

Klopapier ist Mangelware, also nimm bei Ausflügen eine Rolle mit. Aber das Papier dann bitte nicht ins Klo werfen! Dafür gibt es extra Abfalleimer. Grund: Das Klo verstopft sonst schnell, denn die Abflussrohre haben einen weit geringeren Durchmesser und ihr Gefälle ist flacher als bei uns.

WETTER IN HAVANNA

Hauptsaison
Nebensaison

	JAN.	FEB.	MÄRZ	APRIL	MAI	JUNI	JULI	AUG.	SEPT.	OKT.	NOV.	DEZ.
Tagestemperaturen	26°	27°	28°	29°	30°	31°	31°	32°	31°	29°	27°	26°
Nachttemperaturen	18°	18°	19°	21°	22°	23°	24°	24°	24°	23°	21	19°
Sonnenschein Stunden/Tag	6	6	7	7	8	6	6	6	5	5	5	5
Niederschlag Tage/Monat	6	4	4	4	7	10	9	10	11	11	7	6
Wassertemperatur in °C	25°	24°	24°	26°	27°	27°	28°	28°	28°	28°	27°	27°

Sonnenschein Stunden/Tag · Niederschlag Tage/Monat · Wassertemperatur in °C

SPICKZETTEL SPANISCH

SMALLTALK

ja/nein/vielleicht	sí/no/quizás
bitte/danke	por favor/gracias
Hallo!/Auf Wiedersehen!/Tschüss!	¡Hola!/¡Adiós!/¡Hasta luego!
Gute(n) Tag!/Abend!/Nacht!	¡Buenos días!/¡Buenas tardes!/¡Buenas noches!
Entschuldige!/Entschuldigen Sie!	¡Perdona!/¡Perdone!
Darf ich ...?	¿Puedo ...?
Wie bitte?	¿Cómo dice?
Ich heiße ...	Me llamo ...
Wie heißen Sie?/ Wie heißt du?	¿Cómo se llama usted?/ ¿Cómo te llamas?
Ich komme aus ... Deutschland/ Österreich/Schweiz	Soy de ... Alemania/Austria/ Suiza
Das gefällt mir (nicht).	Esto (no) me gusta.
Ich möchte .../Haben Sie ...?	Querría .../¿Tiene usted ...?

ZEIGEBILDER

ESSEN & TRINKEN

Die Speisekarte, bitte!	¡El menú, por favor!
teuer/billig/Preis	caro/barato/precio
Könnten Sie mir bitte … bringen?	¿Podría traerme … por favor?
Flasche/Karaffe/Glas	botella/jarra/vaso
Messer/Gabel/Löffel	cuchillo/tenedor/cuchara
Salz/Pfeffer/Zucker	sal/pimienta/azúcar
Essig/Öl/Milch/Zitrone	vinagre/aceite/leche/limón
kalt/versalzen/nicht gar	frío/demasiado salado/sin hacer
mit/ohne Eis/Kohlensäure	con/sin hielo/gas
Vegetarier/Vegetarierin/Allergie	vegetariano/vegetariana/alergia
Ich möchte zahlen, bitte.	Querría pagar, por favor.
Rechnung/Quittung/Trinkgeld	cuenta/recibo/propina

NÜTZLICHES

Wo ist …? /Wo sind …?	¿Dónde está …? /¿Dónde están …?
Wie viel Uhr ist es?	¿Qué hora es?
heute/morgen/gestern	hoy/mañana/ayer
Wie viel kostet …?	¿Cuánto cuesta …?
Wo finde ich einen Internetzugang/WLAN?	¿Dónde encuentro un acceso a internet/wifi?
Hilfe!/Achtung!/Vorsicht!	¡Socorro!/¡Atención!/¡Cuidado!
Apotheke/Drogerie	farmacia/droguería
kaputt/funktioniert nicht	roto/no funciona
Panne/Werkstatt	avería/taller
Darf ich hier fotografieren?	¿Podría fotografiar aquí?
offen/geschlossen/Öffnungszeiten	abierto/cerrado/horario
Eingang/Ausgang	entrada/salida
Toiletten (Damen/Herren)	aseos (señoras/caballeros)
(kein) Trinkwasser	agua (no) potable
Frühstück/Halbpension/Vollpension	desayuno/media pensión/pensión completa
Parkplatz/Parkhaus	parking/garaje
Ich möchte … mieten.	Querría alquilar …
ein Auto/ein Fahrrad/ein Boot	un coche/una bicicleta/un barco
0/1/2/3/4/5/6/7/8/9/10/100/1000	cero/un, uno, una/dos/tres/cuatro/cinco/seis/siete/ocho/nueve/diez/cien, ciento/mil

URLAUBS FEELING

ZUM EINSTIMMEN & AUSKLINGEN

LESESTOFF & FILMFUTTER

TELEX AUS KUBA

Der Roman (2017) von Rachel Kushner trägt autobiografische Züge und lässt die kubanische Revolution höchst aufschlussreich aus dem Blickwinkel der auf Kuba für US-Unternehmen tätigen Manager und ihrer Familien aufscheinen.

NEUN NÄCHTE MIT VIOLETA

Geschichten aus Havanna, wie sie nur Kubas Starautor Leonardo Padura erzählen kann: über den verrückten Alltag in den Hinterhöfen und Gassen der Metropole, über sympathische Lebenskünstler und die Liebe. (2018)

CANDELARIA – EIN KUBANISCHER SOMMER

Ein Film mit hinreißenden Dialogen („Das Gebäude ist irgendwie wie Kuba. Keiner bringt es in Ordnung und keiner bringt es zum Einstürzen ...") über die Geschichte eine Paares, das in der Spezialperiode (1994) eine Videokamera findet. (2017)

7 DIAS IN LA HABANA

Inzwischen ein Kuba-Klassiker: jeweils ein Tag in Havanna aus der Sicht von sieben verschiedenen Regisseuren, darunter Benicio del Toro. Unter den Schauspielern: Daniel Brühl. (2014)

PLAYLIST QUERBEET

KOLA LOKA – LA LEY DE LA NUEVA LIBRETA
Die Jugend Kubas liebt ihren Cubaton – eine Mischung aus Reggaeton und Hip-Hop

DESCEMER BUENO + GENTE DE LA ZONA – BAILANDO
Das Original des Superhits von Enrique Iglesias, gesungen vom Komponisten Descemer Bueno Martinez

LOS VAN VAN – CULPABLE DE NADA
Hit von Havannas berühmtester Salsa-Band (auf der CD „Legado")

SEPTETO HABANERO – HOMENAJE AL HABANERO
Traditionelle Son-Musik vom Feinsten mit mehreren Sängern

LEONI TORRES – OLVIDARTE
Salsa romántica. Der Musiker aus Camagüey hatte 1993 mit Willie Colóns „Idilio" einen Welterfolg

Den Soundtrack zum Urlaub gibt's auf ***Spotify*** unter ***MARCO POLO Caribbean***

Oder Code mit Spotify-App scannen

AB INS NETZ

CUBAINFO.DE
Eine super gute Quelle für alle wichtigen Informationen zu deiner Kuba-Reise – z. B. zu den neuen Einreiseregeln – ist die deutschsprachige Infoseite des Kubanischen Fremdenverkehrsamts.

CUBAFORUM.NET
Die kostenlose Mitgliedschaft beim Kuba-Forum eröffnet dir den Zugang zu Reise- und Erfahrungsberichten sowie zu interessanten gesellschaftlichen Themen; auch Reiseangebote und Musiktipps.

BLOGOSFERACUBA
News-Magazin, Meinungsspiegel, Galerie, soziales Netzwerk und vieles mehr ist dieses Blogportal *(blogosfera cuba.blogspot.com)* für Kubaner und Kuba-Freunde. Es verbindet auch mit anderen Blogs, z. B. mit *camaguebax cuba.wordpress.com* des Schriftstellers Lázaro David Najarro Pujol.

14YMEDIO.COM
Kritische kubanische Online-Tageszeitung (auch in Engl.) mit den Blogs der Journalisten Yoani Sánchez und Reinaldo Escobar.

TRAVEL PURSUIT

DAS MARCO POLO URLAUBSQUIZ

Weißt du, wie Kuba tickt? Teste hier dein Wissen über die kleinen Geheimnisse und Eigenheiten von Land und Leuten. Die Lösungen findest du in der Fußzeile. Und ganz ausführlich auf den S. 18–23.

❶ Wo wurde der Kampf der Revolutionäre entschieden?
a) in Santiago de Cuba
b) in Havanna
c) in Santa Clara

❷ Was ist für Kubaner das wichtigste Erbe der Revolution?
a) das kostenlose Bildungssystem
b) die Revolutionsmuseen
c) die Schuluniform

❸ Hatte Che Guevara Familie auf Kuba?
a) Nein, er wollte frei für die Revolution sein
b) Nein, er fand nicht die richtige Frau
c) Ja, er hatte mit seiner kubanischen Frau Aleida March vier Kinder

❹ Nach wem ist der größte Nationalpark Kubas benannt?
a) nach Fidel Castro
b) nach Alexander von Humboldt
c) nach Kolumbus

❺ Woher kamen die Flüchtlinge, die die Musik Kubas bereicherten?
a) aus New Orleans
b) aus Sainte Domingue, dem heutigen Haiti
c) aus Jamaika

❻ Welcher Schriftsteller aus Kuba ist zurzeit angesagt?
a) Alejo Carpentier
b) Leonardo Padura
c) José Martí

Lösungen: 1c, 2a, 3c, 4b, 5b, 6b, 7c, 8a, 9b, 10c, 11a, 12c

Fidel Castro ist noch überall präsent: Wandbild in Havanna

❼ Mit welchen Worten drücken die Kubaner ihre Verehrung für Fidel Castro aus?

a) „Viva Fidel"
b) „Siempre Fidel"
c) „Yo soy Fidel"

❽ Mit wieviel Jahren dürfen Kubaner das erste Mal wählen?

a) mit 16 Jahren
b) mit 21 Jahren
c) mit 18 Jahren

❾ Woraus fertigten die Fischer von Cojímar das Denkmal Hemingways?

a) aus Gips
b) aus eingeschmolzenen Schiffsschrauben
c) aus Holz

❿ Welchen Kubanern geht es finanziell am besten?

a) denen, die beim Staat arbeiten
b) denen, die sich mit einem touristischen Angebot selbstständig gemacht haben
c) denen, die im Tourismus arbeiten und von Verwandten im Ausland Geldzuwendungen bekommen

⓫ Wie wird Ernest Hemingway auf Kuba genannt?

a) Papa
b) El Gringo
c) El Loco

⓬ Was gilt als Kubas Nationalblume?

a) Die gelb-grün gestreifte Krokodilstrompete
b) Die karmesinrot blühende Revolutionsnelke
c) Die weiß blühende Mariposa

REGISTER

LOB ODER KRITIK? WIR FREUEN UNS AUF DEINE NACHRICHT!

Trotz gründlicher Recherche schleichen sich manchmal Fehler ein. Wir hoffen, du hast Verständnis, dass der Verlag dafür keine Haftung übernehmen kann.

MARCO POLO Redaktion • MAIRDUMONT • Postfach 31 51
73751 Ostfildern • info@marcopolo.de

Impressum
Titelbild: La Habana Vieja, Paseo de Martí (AWL Images: A. Copson)
Fotos: DuMont Bildarchiv (23, T. Hauser (9), Knobloch (66); G. Froese (139); R. M. Gill (31); T. Hauser (127); huber-images: K. Dadfar (60/61), S. Kremer (38/39, 46, 73, 110/111), N. Orgad (Klappe vorne außen, Klappe vorne innen, 1), M. Ripani (85), Schmid (11, 14/15, 76/77, 104), R. Schmid (101, 102, 105); huber-images/SIME: M. Ripani (108), V. Sciosia (124/125); Laif: T. Hauser (96), K.-H. Raach (92/93, 114); Laif/hemis: F. Guiziou (118), Soularue (54); Look: Leue (50); mauitius images/Alamy /Zoonar: S. Karpov (Klappe hinten); mauritius images: U. Flüeler (28), C. Lux (74), F. Martin (117), L. Vallecillos (24/25); mauritius images /Alamy/Alamy Stock Photos/FotosDCuba (70/71); mauritius images/age (12/13); mauritius images/age fotostock (19, 42), K. Kozlowski (52); mauritius images/Alamy (44, 107, 123), T. Akvals (10), K. Foy (112), M. Jucha (80), V. Kavcic (99); mauritius images/Alamy/Alamy Stock Photos: T. Taylor (87); mauritius images/Alamy/Alamy Stock Photos /FotosDCuba (8); mauritius images/Alamy/Alamy Stock Photos/Arterra Picture Library (88); mauritius images/Alamy/Alamy Stock Photos/Universal Images Group North America LLC (49); mauritius images/Alamy/photocay (134); mauritius images/Alamy/Sunshine Pics (69); mauritius images/Alamy/Travel South America (34/35); mauritius images/Alamy/Wildestanimal (32/33); mauritius images/Axiom Photographic: K. Levit (20); mauritius images/Danita Delimont: B. Bachmann (83); mauritius images/FreshFood (26/27); mauritius images/Gastrofotos: C. Martinez Kempin (27); mauritius images/Hemis.fr : F. Guiziou (64); mauritius images/Loop Images (136/137); mauritius images/robert harding: A. Copson (2/3); D. Renckhoff (6/7); M. Thomas (30/31, 57)

17., aktualisierte Auflage 2024

Autorin: Gesine Froese; Redaktion: Jochen Schürmann; Bildredaktion: Gabriele Forst
Kartografie: © 2023 KOMPASS-Karten GmbH, A-6020 Innsbruck; MAIRDUMONT, D-73751 Ostfildern (S. 36–37, 113, 116, 120, Umschlag außen); © 2023 KOMPASS-Karten GmbH, kompass.de unter Verwendung von © OpenStreetMap Contributors, osm.org/copyright (S. 40–41, 58, 62–63, 69, 78–79, 90, 94–95, 100)

Als touristischer Verlag stellen wir bei den Karten nur den De-facto-Stand dar. Dieser kann von der völkerrechtlichen Lage abweichen und ist völlig wertungsfrei.
Gestaltung Cover, Umschlag und Faltkartencover: bilekjaeger_Kreativagentur mit Zukunftswerkstatt, Stuttgart; Gestaltung Innenlayout: Langenstein Communication GmbH, Ludwigsburg; Spickzettel: in Zusammenarbeit mit PONS Langenscheidt GmbH, Stuttgart; Texte hintere Umschlagklappe: Lucia Rojas
Konzept Coverlines: Jutta Metzler, bessere-texte.de

MIX
Papier aus verantwortungsvollen Quellen
FSC® C124385

Printed in China

MARCO POLO AUTORIN
GESINE FROESE
Dass die Kubaner zum Philosophieren neigen, erfährt Gesine Froese häufig. Scherze über die Mangelwirtschaft gehören genauso dazu wie Tiefschürfendes. Einmal erhielt sie eine Buchungsbestätigung aus Havanna mit der Botschaft: „Wer an sich selbst glaubt, der braucht es nicht, dass andere an ihn glauben!" Weisheiten von Lebenskünstlern, die die Lateinamerikaexpertin immer wieder faszinieren.

BLOSS NICHT!

FETTNÄPFCHEN UND REINFÄLLE VERMEIDEN

ZU VIEL GELD MITFÜHREN

Mit dem Touristenboom hat leider auch die Kriminalität zugenommen. Deshalb: Niemals das gesamte Bargeld mit sich führen, und das, was man mitnimmt, nicht zur Schau stellen, sondern auf mehrere Stellen am Körper verteilen. Der Rest gehört in den Hotelsafe, ebenso der Pass – hab aber immer eine Kopie dabei!

OBEN OHNE SONNENBADEN

Das finden die Kubaner ganz uncool und gar nicht sexy! Ob sie nun als Personal oder als Gäste deines Hotels an einem Strand anwesend sind – willst du sie wirklich mit nackten Tatsachen vor den Kopf stoßen?

KINDERN GELD GEBEN

Betteln ist Kindern auf Kuba verboten, weil (nach staatlicher Einschätzung) keines Hunger leidet und es im Erfolgsfall die Arbeitsmoral verdirbt. Trotzdem halten immer mehr Knirpse die Hände auf, wenn sie Touristen sehen. Gib lieber Nützliches wie Kugelschreiber. Für bettelnde Kinder werden auf Kuba übrigens die Eltern bestraft.

UNTER EINE KOKOSPALME SETZEN

Die Kokosnuss ist eine harte Nuss: Jährlich sterben zehnmal mehr Menschen durch herabfallende Kokosnüsse als durch Haiangriffe! Wenn sie sich aus 30 m Höhe vom Baum lösen, könnenn sie eine Geschwindigkeit von 80 km/h erreichen. Also Vorsicht!

DROGEN ANDREHEN LASSEN

Denk dran: Die einzigen staatlich anerkannten Drogen auf Kuba sind Musik, Alkohol und Arbeit fürs Gemeinwohl. Der Konsum von Kokain, Haschisch oder Marihuana ist streng verboten und wird mit Gefängnis bestraft. Auch nichts unterjubeln lassen!